브랜드만족
1위
박문각

2025

박문각
공무원

시험대비

특별판

KB010116

박혜선
국어

박혜선 편저

독해
신유형
공부

2025 출제 기조 반영 예시 문제 분석
& 논리 추론, 강화약화, 문법+독해,
문학+독해 등 2025 신유형을
짧고 강렬하게 완벽 마스터!

동영상 강의 www.pmg.co.kr

2025 출제기조 변화에도
박문각 국어 1위, 亦시 功무원 국어는 박혜선이
亦功이들의 단기합격을 간절하게 기도하며,

안녕하세요. 여러분들의 단기 합격을 책임지는,
아무리 훈련해도 독해가 어려운 亦功이들을 구제해 줄 박혜선 선생님입니다.
일단, 책만 보지 마시고 꼭 강의를 통해 교재에 기록된 것 이상의 것을 얻어가셔야 합니다.
강의를 들으시면 왜 강의를 꼭 병행해야 하는지 더 확실하게 아시게 될 겁니다.

자, 그럼 이제 **2025년 변화될 출제기조 변화**에 대해 말씀 드려 보겠습니다~^^
아래의 원형 그래프를 보며 함께 알아봅시다.

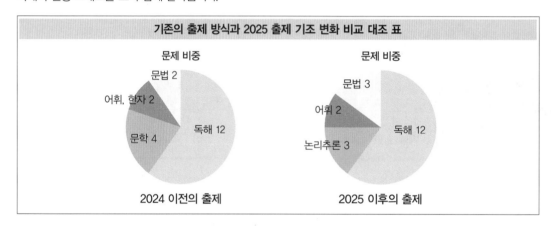

기존의 출제의 경우에도 20문제 중에서 12문제(화법, 작문 포함) 정도 독해 영역에서 출제가 되었습니다.
이번 2025 이후의 출제 또한 20문제 중에서 12문제(화법, 작문 포함) 정도 독해 영역에서 출제되나,
여기서 유의미한 변화는 문법, 문학 문제가 독해 문제로 흡수되어 나올 예정이라는 것입니다.

문법 문제가 2문제에서 3문제로 늘어나는 부분도 우리 입장에서 어려울 수 있는데
문법이 독해와 결합되어 나오다 보니
문법 문제를 독해 문제를 푸는 것처럼 풀게 된다면 독해 문제는 15문제로 넘어갑니다.

또한 논리 추론 3문제에서 독해 정도의 시간을 쏟는다고 하면 독해 문제는 18문제가 되어 버립니다.
즉, 이 경우 절대적인 시간 부족이 예상됨을 우리는 예측할 수 있습니다.
기존에는 19-23분이면 마킹까지 마칠 수 있었다면
이제는 23분-27분 정도 걸릴 수 있기 때문에
방향을 제대로 잡지 않으면 다른 과목에도 부정적인 영향이 갈 수 있습니다.

따라서 독해를 잘하든, 잘하지 않든
이제는 반드시 독해 강의를 들어 주셔야 합니다.

亦功이들을 위해 인사혁신처의 입장을 정리해 보면 다음과 같습니다.

첫째, 인사혁신처는 단순 암기의 비중을 줄이고
종합적 사고력, 추론력, 비판력과 같은 사고력을 검증하겠다는 의지를 밝혔습니다.
이에 한자 성어나 한자 같이 단순 암기를 목표로 하는 영역이나
어문 규정 같은 영역의 중요도는 낮아졌습니다.
암기의 비중이 줄어든 것은 희소식인 반면, 사고력을 요하는 문제들이 많아질 예정이어서
예전처럼 3초컷으로 풀 수 있는 암기식 문제들이 줄어, 절대적인 시간 부족이 예상됩니다.

둘째, '직무능력 중심'의 시험이 되게 하여
수험 준비 과정에서 쌓은 역량이나 지식이 실무에서 활용되는 시험이 출제될 예정입니다.
특히, 2025년 인혁처 샘플의 첫 번째 문제가 공문서의 문장을 고쳐 쓰는 문제였다는 점에서
이러한 인혁처의 의도를 분명하게 알 수 있습니다.

셋째, 민간 채용과의 호환성을 높이는 시험이 출제되어
기존 시험에는 없었던 논리 추론이나 강화, 약화 추론이 추가될 예정입니다.
문학 영역이 독해 영역으로 흡수되는 대신 논리 추론의 영역의 문제가 3문제나 출제될 예정이라고 볼 수 있습니다.

독해를 잘하시는 亦功이들은 각 유형별 문제의 답을 '신속하게' 찾기 위해
독해가 아직 어려우신 亦功이들은 각 유형별 문제의 답을 '정확하게' 찾기 위해
혜선 쌤의 독해 강의에서 각 유형별 야매꼼수 꿀팁들을 전수 받으시기 바랍니다.

각 유형별 풀이 전략을 무시한 채로 자신의 입맛대로 문제를 풀면 시간을 단축할 수 없습니다.
'독해의 왕도'는 분명히 있습니다.
혜선 쌤의 '독해 신유형 공부법' 수업을 통해 각 문제 유형에 필수적으로 적용해야 하는
문제 풀이 전략을 정확하게 배워야 합니다.

이 교재와 수업은 'DAY 1~DAY 18'의 시간에 걸쳐 완벽하게
2025의 신유형 문제를 훈련할 수 있는 시스템을 구비하고 있습니다.

어떤 문제 유형의 제시문을 지엽적으로 읽을지, 큼직하게 읽을지
어떤 문제 유형의 제시문을 빨리 읽어야 할지, 꼼꼼하게 시간을 투자해야 할지
기준을 세워드릴 예정입니다.

각 발문을 읽고 어떤 순서로 제시문을 읽어야 하는지,
선택지를 읽어야 하는지까지도 정말 디테일하게 기준을 세워 드릴 테니
편견을 갖지 말고 강의를 들어 주시길 바랍니다.
그렇게 된다면 독해 고득점을 보장해 드릴 수 있습니다.

수석합격 릴레이, 최단기간 합격의 절대공식,
혜선 쌤의 신화는 2025에도 계속된다!

🔍 만점릴레이 합격 신화! 박혜선 亦功 국어의 관전 포인트 1

시간을 똑똑하게 절약해주는 '적중 보장 야매 혜선! 꼼수 혜선!'만의 특급 비법, 독해 신공!

합격자들이 극찬하는 혜선 쌤의 독해 수업! 최고 퀄리티의 독해 문제로 2025 신유형을 완벽하게 대비합니다. 인혁처가 제시한 2025 샘플을 철저하게 분석하여 내년에 출제될 신유형을 (신)유형 (공)부 교재를 통해 빠르고 강렬하게 훈련합니다.

🔍 만점릴레이 합격 신화! 박혜선 亦功 국어의 관전 포인트 2

논리 추론, 강화 약화 추론 등 신설되는 유형들의 이론을 이 책에서 대비합니다.

특히 논리 추론은 논리 기호를 배우지 않으면 풀 수 없는 영역입니다. 신유형으로 추가된 영역이므로 반드시 이에 대한 이론을 암기해야 합니다. 최대한 역공이들이 이해와 암기를 잘할 수 있는 방향으로 구성하고 배열했습니다.

🔍 만점릴레이 합격 신화! 박혜선 亦功 국어의 관전 포인트 3

제시문을 어떻게 읽을지 난감한 역공이들을 위한 '독해 이렇게 읽는다. 독해 신공 시각화'

출제자가 특히 사랑하는 제시문의 구조를 미리 공부함으로써 제시문을 위에서 아래로 내려다 볼 수 있게 합니다. 혜선 쌤만의 독특한 독해 방식을 시각화하여 독해의 목표가 단순히 '밑줄'을 긋는 것이 아니라 '이해'가 목표가 되어야 함을 깨닫게 할 예정입니다. 또한 요즘 문단, 문장의 길이가 길어진 경우, 어떻게 읽어야 하는지에 대해 쉽고 자세히 설명 드립니다.

🔍 만점릴레이 합격 신화! 박혜선 亦功 국어의 관전 포인트 4

직접 혜선 쌤의 머릿속으로 들어가 독해 과정을 모델링할 수 있는 독해 신공 PIN POINT

가장 좋은 독해 훈련은 독해 고수의 머릿속으로 들어가 그의 인지 과정을 모델링하는 것입니다. 혜선 쌤이 각 유형의 독해 문제를 어떻게 풀어가는지 함께 모델링하며 훈련할 수 있는 독해 신공 PIN POINT라는 섹션을 넣었습니다. 단! 기록되어 있는 밑줄과 기호만을 보시지 마시고! 교재에 기록되지 않은 혜선 쌤의 야매, 꼼수 꿀팁을 강의를 통해 확인하시기를 바랍니다. 독해 신공 PIN POINT로 충분히 최빈출 포인트를 훈련한 후에 본격적으로 문제를 풀 수 있는 기반을 마련합니다.

🔍 만점릴레이 합격 신화! 박혜선 亦功 국어의 관전 포인트 5

독해는 훈련이다! 단 20일 만에 끝내는 최고 문제만 선별한 Day 1~Day 18!

각 유형의 문제 중에서 혜선 쌤이 가장 애정하는 최고 퀄리티 문제를 뽑았습니다. 해당 단원을 통해 혜선 쌤과 충분히 학습한 후 집에 간 역공이들이 스스로 문제를 풀어 보고 오답을 할 수 있는 섹션을 마련했습니다. 독해를 어떻게 오답 해야 하는지, 어떻게 복습해야 하는지 모르겠다면!!! 혜선 쌤이 마련한 '메타인지 오답 방식'이 있으니 걱정 마시길 바랍니다.

🔍 만점릴레이 합격 신화! 박혜선 亦功 국어의 관전 포인트 6

오픈 카톡, 네이버 카페 등 혜선 쌤과의 직접적인 소통

제 카페에 놀러 오면 볼 수 있으시겠지만, 저는 참 수강생들을 애정합니다. 그들을 "역시 성공하는 사람들(亦功이)"이 라고 다정하게 부르며 시험에 필요한 모든 자원과 관심을 아끼지 않습니다. 현강 학생들은 물론, 인강 학생들도 '인증 게시판, 커리큘럼 및 상담, 학습 질문'까지 할 수 있습니다. 오픈 카톡방을 이용하여 학생들과 직접적인 소통을 하며 오프라인 상담을 잡기도 합니다. 여러분들이 합격까지 가길 누구보다 간절히 원하는 저는 항상 여러분들에게 열려 있 습니다. 박혜선 교수의 카페와 오픈 카톡방으로 연결되는 QR 코드는 책 뒤 수강 후기 아래에 있습니다.

이 박혜선 독해! (신)유형 (공)부 교재를 통해 꼭 단기 합격을 이루시길 바랍니다. 여러분들의 단기 합격을 간절하게 응원합니다.

2024년 5월 편저자

박혜선 惠旋

1

독해 신공 이론

신유형이기에 어려운 이론들을
혜선 쌤의 언어로 쉽게 푼 섹션입니다.
사고 과정에 따라 머릿속에 이론이 잘 들어갈 수 있도록 효과적으로
배열했으니 꼭 암기해야 하는 섹션이라고 볼 수 있습니다.

2

亦功 신공 빨리 푸는 전략

문제를 바라보는 순서나 야매, 꼼수들을 알려 드림으로써
각 신유형의 빨리 푸는 전략을 전수해 드리는 섹션입니다.
단계별로 알려 드리기 때문에 한눈에 문제를 푸는 과정을
지켜보실 수 있습니다.

3

유형 설명 및 빈출 정도 설명

2025 인사혁신처에서 발표한 신유형에 대해 쉽게 설명 드리고
20문제 중 나올 확률이 어느 정도 있는지, 몇 문제 나올 예정인지
예언해 드리는 섹션입니다.
빈출 정도를 직관적으로 말씀 드림으로써 학습 시 더 집중하게
만들어 드립니다.

4

독해 이렇게 읽는다. 독해 신공 시각화

제시문을 어떻게 읽고 어떻게 효과적으로 시각화하는지 알려
드립니다. 단순히 밑줄 긋는 것에 집중하는 것이 아니라 제시
문의 내용을 정확하게 이해하는 시각화 방법을 제공하는
섹션입니다.

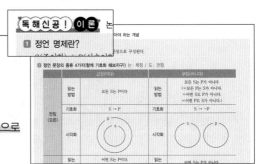

5

2025 독해신공! PIN POINT

왼쪽에는 해당 신유형을 대표할 최고의 문제를,
오른쪽에는 혜선 쌤의 머릿속의 사고 과정을 구현한 시각화를
보여 드립니다.

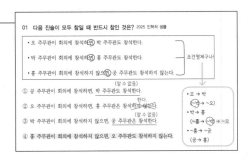

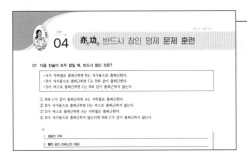

6

DAY 1–18

각 유형의 문제 중에서 혜선 쌤이 가장 애정하는 최고 퀄리티 문제
를 뽑았습니다.
스스로 문제를 풀어 본 후 오답을 하는 최고의 섹션입니다.

7

정답 및 해설

이 교재에 수록된 모든 문제들의 꼼꼼하고 자세한 해설을 맨 뒤에
몰아넣었습니다.
독해는 오답을 할 시에 답을 먼저 보면 안 되므로 해설을 맨 뒤에
넣었습니다.

8

메타인지 독해 숙제 관리

인강 역공이들을 위한 혜선 쌤의 선물입니다.
진정한 자기 주도 학습이 되게 하기 위해 진도표를 미리 드렸습니
다.
이 진도표를 참고해서 완강까지 달릴 수 있습니다.

2024 국가직 9급 3번

3 밑줄 친 부분이 표준어로 쓰인 것은?

① 그 친구는 허구헌 날 놀러만 다닌다.

☑ 닭을 통째로 구우니까 더 먹음직스럽다.

③ 발을 잘못 디뎌서 하마트면 넘어질 뻔했다.

④ 언니가 허리가 잘록하게 들어간 코트를 입었다.

완벽적중

콤단문 문법
(콤팩트한 단원별
문제풀이)
179p 28번

28 밑줄 친 말이 어문 규범에 맞는 것은?

① 옛부터 김치를 즐겨 먹었다.

② 혜선이가 햄버거 20개를 통채로 먹었다.

③ 찬물을 한꺼번에 들이키지 말아라.

④ 우리 집은 대물림으로 이어받은 땅이 많았다.

완벽적중

콤단문 문법
(콤팩트한 단원별
문제풀이)
59p 31번

31 밑줄 친 단어의 쓰임이 맞는 것은?

① 엄마가 이부자리를 거둬 갔다.

② 거지 고은 얼굴이 나타났다.

③ 퇴근하는 길에 포장마차에 들렸다가 친구를 만났다.

④ 그는 허구헌 날 술만 마신다.

완벽적중

콤단문 문법
(콤팩트한 단원별
문제풀이)
215p 63번

63 맞춤법 사용이 올바르지 않은 것으로만 묶인 것은?

① 웃어른, 사흗날, 배갯잇

② 닐리리, 남존녀비, 맥줏집

③ 아무튼, 생각컨대, 하마트면

④ 홀몸, 밋밋하다, 선율

혜선쌤의 넘사벽 적중률이 궁금하다면?

**2024 국가직
9급 6번**

6 다음을 참고할 때, 단어의 종류가 같은 것끼리 짝 지어진 것은?

> 어떤 구성을 두 요소로만 쪼개었을 때, 그 두 요소를 직접구성요소라 한다. 직접구성요소가 어근과 어근인 단어는 합성어라 하고 어근과 접사인 단어는 파생어라 한다.

① 지우개 - 새파랗다　② 조각배 - 드높이다
③ 짓밟다 - 저녁노을　④ 풋사과 - 돌아가다

완벽적중

콤단문 문법
(콤팩트한 단원별
문제풀이)
29p 10번

완벽적중

콤단문 문법
(콤팩트한 단원별
문제풀이)
33p 24번

10 다음 중 단어 형성 방법이 나머지와 다른 것은?

① 먹이　　　　　② 낯섦
③ 지우개　　　　④ 꽃답다

24 다음 중 합성어로만 묶인 것은?

① 앞뒤, 똥오줌, 맛있다, 힘차다
② 잠보, 점쟁이, 일꾼, 덮개, 넓이, 조용히, 새롭다
③ 군것질, 선생님, 먹히다, 거멓다, 고프다
④ 맨손, 군소리, 풋사랑, 시누이, 빛나가다, 새파랗다

완벽적중

콤단문 문법
(콤팩트한 단원별
문제풀이)
31p 17번

완벽적중

콤단문 문법
(콤팩트한 단원별
문제풀이)
35p 27번

17 다음 중 합성어로만 묶인 것은?

① 밑바닥, 짓밟다　　② 막내둥이, 돌부처
③ 개살구, 산들바람　④ 앞서다, 가로지르다

27 통사적 합성어로만 묶인 것은?

① 톱질, 작은형, 돌아가다
② 새언니, 젊은이, 교육자답다
③ 풋고추, 올벼, 잡히다
④ 가져오다, 어린이, 가로

**2024 국가직
9급 9번**

9 다음을 참고할 때, 단어의 종류가 같은 것끼리 짝 지어진 것은?

> ○ 현실을 [(가)] 한 그 정책은 결국 실패로 돌아갔다.
> ○ 그는 [(나)] 이 잦아 친구들 사이에서 신의를 잃었다.
> ○ 이 소설은 당대의 구조적 [(다)] 을 예리하게 비판했다.

	(가)	(나)	(다)
✓①	度外視	食言	矛盾
②	度外視	添言	腹案
③	白眼視	食言	矛盾
④	白眼視	添言	腹案

완벽적중

**2024 3월
[국가직 대비]
파이널 적중
동형모의고사2**

態	行態	態度	動態
모습 태	다닐 행 / 모습 태	모습 태 / 법도 도	움직일 동 / 모습 태

(해당 강의 7강 23:15 발췌)

盾	矛盾
방패 순	창 모 / 방패 순

완벽적중

**2024 3월 일일
모의고사
3회 10번**

10 한자 표기가 옳은 것은?
① 앞뒤가 안 맞는 영숙이의 말에는 모순(矛盾)이 느껴진다.
② 그는 인종이 다르다는 이유로 그들을 배척(背斥)하였다.
③ 지식인들은 일제강점기에 끊임없이 내적 갈등(葛等)하였다.
④ 잦은 비방(祕謗)으로 그는 채팅방에서 퇴장당했다.

완벽적중

**2024 3월
일일모의고사
11회 10번**

10 밑줄 친 ⊙~@의 한자 표기와 뜻이 적절하지 않은 것은?

> • 권력의 ⊙ 남용(濫用)과 부정을 막을 수 있는 제도적 장치가 필요하다.
> • 이 세부 사항들은 기본 원칙에 ⓒ 모순(矛盾)되므로 수정되어야 한다.
> • 이제부터 우리가 살길을 ⓒ 모색(摸索)해 보자.
> • 그것은 무지한 백성들을 노예로 묶어 두고자 @날조(捏助)해 낸 거짓말이었다.

① ⊙ 남용(濫用): 권리나 권한 따위를 본래의 목적이나 범위를 벗어나 함부로 행사함.
② ⓒ 모순(矛盾): 어떤 사실의 앞뒤, 또는 두 사실이 이치상 어긋나서 서로 맞지 않음을 이르는 말.
③ ⓒ 모색(摸索): 일이나 사건 따위를 해결할 수 있는 방법이나 실마리를 더듬어 찾음.
④ @ 날조(捏助): 사실이 아닌 것을 사실인 것처럼 거짓으로 꾸밈.

**2024 국가직
9급 15번**

15 다음 글을 감상한 내용으로 적절하지 않은 것은?

> 내 님믈 그리ᅀᆞ와 우니다니
> 산(山) 졉동새 난 이슷ᄒᆞ요이다
> 아니시며 거츠르신 ᄃᆞᆯ 아으
> 잔월효성(殘月曉星)이 아ᄅᆞ시리이다
> 넉시라도 님은 ᄒᆞᆫ ᄃᆡ 녀져라 아으
> 벼기더시니 뉘러시니잇가
> 과(過)도 허믈도 천만(千萬) 업소이다
> 믈힛 마리신뎌
> ᄉᆞᆯ읏븐뎌 아으
> 니미 나ᄅᆞᆯ ᄒᆞ마 니ᄌᆞ시니잇가
> 아소 님하 도람 드르샤 괴오쇼셔.

① 자연물을 통해 화자의 처지를 드러내고 있다.
② 천상의 존재를 통해 화자의 결백함을 나타내고 있다.
③ 설의적 표현을 활용하여 화자의 정서를 부각하고 있다.
④ 큰 숫자를 활용하여 임을 향한 화자의 그리움을 강조하고 있다.

**亦功 기본서
출종포 문학
249p
작품 수록**

**'정과정'
완벽 적중**

4 정서, 〈정과정(鄭瓜亭)〉

내 님믈 그리ᅀᆞ와 우니다니	내 님을 그리워하여 울고 있으니
山(산) 졉동새 난 이슷ᄒᆞ요이다	산 접동새와 내 신세가 비슷합니다.
아니시며 거츠르신 ᄃᆞᆯ 아으	(모함들이 사실이) 아니며 거짓인 줄을
잔월효성(殘月曉星)이 아ᄅᆞ시리이다	잔월효성(지는 달 뜨는 별)이 아실 것입니다.

▶ 기: 자신의 결백함 주장

넉시라도 님은 ᄒᆞᆫ ᄃᆡ 녀져라 아으	넋이라도 님과 함께하고 싶습니다.
벼기더시니 뉘러시니잇가	(내가 죄가 있다고) 우기시는 이가 누구입니까
과(過)도 허믈도 천만(千萬) 업소이다	잘못도 허물도 전혀 없습니다.
믈힛 마리신뎌	뭇 사람들의 말입니다.

국가직 만점! 장점만 가득한 혜선 쌤 수업! 단점… 뭐가 있을까요? 저는 잘 모르겠네요.

제가 가장 추천하는 박혜선 선생님 수업은 하프모의고사입니다. 저는 '작년이랑 난이도가 비슷하지 않을까?' 하는 안일한 생각으로 인해 비문학 대비가 매우 불충분했었는데요, 혜선 선생님이 "추론 문제가 더 어렵게 나올 가능성이 있으니 대비해야 한다."라며 하프모의고사에 추론 문제를 매번 출제해 주신 덕분에 대비할 수 있었습니다. 이번 시험에서 19번 추론 문제가 풀리지 않아 전전긍긍하고 있었는데, 그 짧은 순간에 혜선 선생님 수업 장면이 머리를 스쳐가더라고요. "이해하면서 꼼꼼히 봐야 한다", "지엽적으로 읽어야 한다"라는 선생님 말씀을 떠올리고 평정심을 찾은 뒤, 다시금 찬찬히 살피니 결국 답이 보였습니다. 덕분에 실수 없이 다 맞을 수 있었습니다. 박혜선 짱짱걸!

전복죽러버

국가직 만점! 혜선 쌤이 없던 지난 국어 시험에서 울었다면 이번에는 국어에서 웃었다.

독해는 사실상 출제 비중이 가장 높은 영역이고 시간 배분을 어떻게 하느냐에 결과가 달라지는 영역입니다. 서두에 제 개인적 총평이 "지난 시험에서 국어에서 울었다면, 이번 시험에서는 국어에서 웃었다"는 가장 큰 이유를 꼽으라면 하프·동형 모의고사 중 비문학 독해에서 시간 배분을 잘했기 때문입니다. 특히 지난 시험에서 시간 배분을 못해서 필기시험 낙방을 했던 저로서는 반드시 극복해야 했습니다. 하프·동형 모의고사는 제한 시간을 주며 문제 푸는 연습을 계속하는 과정인데, 특히 제가 가장 소름이 끼친 부분은 시험 직전 하프 모의고사에서 추론 독해 비중을 거의 절반 가까이 내주셔서 당시에는 힘들었지만, 이번 국어 시험에서 추론 독해가 3문제 출제되어 놀랐습니다. 하프·동형 모의고사 문제풀이 강의에서 선생님이 설명하신 느낌 그대로 문제를 푼 덕분에 시간을 많이 써야 하는 추론 문제를 빨리 풀 수 있었습니다.

미래공무원

커리 따라가서 95점! 혜선 쌤 강의력은 진짜 최고! 시험과 가장 유사하게 출제하시는 선생님!

혜선 쌤의 강의력은 진짜 최고입니다! 왜 이렇게 되는지를 설명해주신 다음에 외우는 방법이라든가 푸는 방법을 알려주셔서 더 잘 외워지고 이해도 빨리 됩니다. 단순히 외우라고만 하면 외우기 어려운데 과정이 먼저 설명되니 외워지는 것도 쉽습니다. 뿐만 아니라 저는 보통 인강을 1.7배속 정도로 듣는데 발음이 하나도 안 뭉개지고 너무 잘 들립니다. 최고입니다. 동형모의고사나 하프모의고사도 국가직 시험과 제일 유사하게 출제하시는 선생님이신 거 같습니다. 문제의 비율이나 지문의 길이가 정말 국가직이랑 유사하더라고요. 문제의 난이도도 제일 비슷합니다. 국가직/지방직 혜선 쌤 무조건입니다.

초시랑

즐거운 텐션으로 수업에 집중시키고 따뜻한 마음으로 수험생들의 힐링까지 시켜주시는 혜선 쌤

혜선 쌤의 가장 큰 장점 세가지를 말해보자면, 1) 야매꼼수 2) 콤팩트한 양 3) 텐션이라고 생각합니다. 일단 야매꼼수. 문제를 딱 봤을 때, 이게 말하기방식에 대해 묻는지 아니면 그냥 내용 일치불일치 문제인지 딱 파악하고 제시문을 먼저 볼지, 선택지를 먼저 볼지부터 고민하는 체계적인 야매꼼수 이게 정말 도움이 많이 된 것 같아요. 국어를 딱딱 정해진 형식으로 푸는 게 처음이었는데 이렇게 풀면 제 사견이 사라지더라고요. 중요한 건 답을 찾아내는 건데 이렇게 체계적으로 문제를 풀면 '3번도 말 되는 거 같은데?' 이런 게 줄어들더라고요. 두번째 콤팩트한 양. 위에 보면 아시다시피 저는 기본 이론 강의를 안 들었어요. 그래서 처음 콤단문 했을 때 진짜 힘들었어요. 그때 족집게 적중노트를 듣게 되었는데 혜선 쌤이 여기에 정말 문법, 문학, 독해를 간단하게 다 정리하셨더라고요. 근데 간단하다고 빈약한 게 아니라 진짜 알찼음. 거기다가 각종 특강들로 알아서 약점 보완할 수 있게 되어있으니까 강의 수에 대한 부담감도 없고 내 자신에 대해 끊임없이 성찰하게 되어서 점점 약점이 없어진 것 같아요.

꽁역이!

국가직 95점! "저만 알고 싶은 국어쌤" 고퀄의 모고 문제들과 최고의 시그니처 강의와 교재들

잼병이의 가장 어렵게 다가오면서 출제 비중이 제일 높은 독해 부분이지만 올인원에서 기초 바닥 닦기 접근법부터 해서 가장 공을 많이 들였습니다. 배운 방법론을 통해서 혼자 끙끙 앓아가며 매일 같이 스파르타에서 내 주시는 일일모고부터 동형모고까지 체화시켜 나가면서 자신감이 생기면서 정답률도 올라가는 놀라운 강의였고 고퀄의 모고 문제들이었습니다. 저에겐 항상 어렵게 다가오던 국어에 시그니처 강의들 교재들 각종 모고들을 통해서 자신감 가질 수 있었고 쌤의 암기법과 쉽게 적용할 수 있는 포인트들을 배우면서 실력이 꾸준하게 올라가는 느낌이었습니다. 예전 처음 수강후기글과 마찬가지로 지금도 저는 "저만 알고 싶은 국어쌤"이시고 항상 감사한 존재입니다.

CaTTax

박혜선 쌤의 최고 장점은 추론 문제! 시험이 어렵다고 해도 훈련 덕에 어렵지 않았습니다!

박혜선 선생님의 장점은 바로 추론 문제인 것 같습니다. 추론유형을 강조하셨고 하프와 동형모의고사에서 많은 문제들을 풀어볼 수 있게 연습시켜주셨습니다. 그 덕에 이번 국가직에서 국어가 어렵다는 생각이 많이 들지 않았습니다. 콤단문은 진짜 회독이 중요한 것 같습니다 마지막까지 콤단문에서 쌤이 중요하다고 강조해주신 문제들을 5번 넘게 반복했습니다. 끝까지 계속 회독하세요! 한자는 정말 고민이 많았지만 일단 특강을 완강을 하였고 그 덕인지 이번 한자 문제도 수월하게 풀 수 있었습니다. 일일모의고사에서 한자 문제들이 많이 나와 복습도 쉽게 할 수 있어서 둘을 같이 하는 것을 추천합니다.

황유빈

2025 출제자가 좋아하는 포인트만 배운다!

박혜선 국어 '만점 릴레이' 커리큘럼

2025 亦功 국어 박혜선
정규 커리큘럼

수강 순서		강의명과 교재	수강 대상 및 강의 설명
1단계 [초보 입문]	강의	시작! 초보자들의 능력 up(초능력)	수능 5등급 이하, 혹은 그게 아니더라도 탄탄하게 개념을 확립하고 싶은 학생들에게 추천 드리는 강좌입니다.
	교재	시작! 초보자들의 능력 up(초능력)	
2단계 [필수 수강 기본 이론] **All In One**	강의	2025 출제기조 반영 만점 출좋포(문법, 독해, 어휘)	2025 출제기조가 반영된 필수 All in One 강의
	교재	1. 2025 출좋포 독해+문학 2. 2025 출좋포 문법+어휘	
3단계 [기출 분석]	강의	2025 개념도 새기는 기출 문법 2025 개념도 새기는 기출 독해, 문학	All in One 강의를 들은 후 혜선 쌤만의 풀이 스킬 배우는 기출문제 풀이 강의
	교재	1. 2025 개념도 새기는 기출 문법 2. 2025 개념도 새기는 기출 독해, 문학	

4단계 [단원별 문풀 합격자 최고추천]	강의	2025 콤팩트한 단원별 문풀(콤단문 문법) 2025 콤팩트한 단원별 문풀(콤단문 독해)	혜선쌤의 최고 시그니처 강의 100% 적중을 자랑하는 합격자들이 극찬하는 단권화 적중 문풀 강의
	교재	1. 2025 콤팩트한 단원별 문풀(콤단문 문법) 2. 2025 콤팩트한 단원별 문풀(콤단문 독해)	
요약 정리	강의	2025 파이널 족집게 적중 노트 2025 천기누설 혜선팍 (논리 추론, 문법, 문학, 강화 약화)	1년 동안의 이론을 요약·압축하는 강의 출제자들이 좋아하는, 시험에 필수적으로 나오는 포인트만 조지는 강의
	교재	1. 2025 족집게 적중 노트 2. 2025 천기누설 혜선팍 (논리 추론, 문법, 문학, 강화 약화)	
동형 모의고사	강의	2025 박혜선 국어 파이널 적중 동형 모의고사	합격자들이 최고 추천하는 최고 퀄리티의 실전 문제로 최단기간 합격!
	교재	2025 박혜선 국어 파이널 적중 동형 모의고사	
최고 오답률 약점 보완시리즈	강의	2025 최단기간 논리 추론 2025 최단기간 문장 고쳐쓰기 2025 최단기간 문학 2025 최단기간 문법 + 어휘 2025 주독야독 시즌 1, 2, 3	역공이들의 최고 약점들을 마지막으로 최단기간에 보완해 주는 구원 강의
	교재	1. 2025 최단기간 논리 추론 2. 2025 최단기간 문장 고쳐쓰기 3. 2025 최단기간 문학 4. 2025 최단기간 문법 + 어휘 5. 2025 주독야독 시즌 1, 2, 3	

메타인지 독해 숙제 관리

	학습일	풀이 시간	체감 난도
PART 1. 세트형 (어휘, 지시 대상)	**DAY 1** 어휘 -문맥적 의미 추론	분 초	☆ ☆ ☆ ☆ ☆
	DAY 2 어휘 -바꿔 쓸 수 있는 유사한 표현	분 초	☆ ☆ ☆ ☆ ☆
	DAY 3 지시 대상 추론	분 초	☆ ☆ ☆ ☆ ☆
PART 2. 독해 이렇게 읽는다 독해 신공 시각화	**챕터01** 접속어와 지시어	필수 암기!	☆ ☆ ☆ ☆ ☆
	챕터02 최빈출 제시문 구조 시각화 방법	필수 암기!	☆ ☆ ☆ ☆ ☆
	챕터03 긴 문장 끊어 읽기 연습	필수 암기!	☆ ☆ ☆ ☆ ☆
PART 3. 논리 추론	**DAY 4** 반드시 참인 명제	분 초	☆ ☆ ☆ ☆ ☆
	DAY 5 빈칸에 들어갈 결론	분 초	★ ★ ☆ ☆ ☆
	DAY 6 생략된 전제 추론	분 초	☆ ☆ ☆ ☆ ☆
PART 4. 강화, 약화 추론	**DAY 7** 일반 강화, 약화	분 초	☆ ☆ ☆ ☆ ☆
	DAY 8 <보기>, 강화 약화	분 초	☆ ☆ ☆ ☆ ☆

학습일		풀이 시간	체감 난도
PART 5. 빈칸 추론	**DAY 9** 단수 빈칸 추론	분 초	☆ ☆ ☆ ☆ ☆
	DAY 10 복수 빈칸 추론	분 초	☆ ☆ ☆ ☆ ☆
PART 6. 화법, 작문	**DAY 11** [화법] 말하기 방식	분 초	☆ ☆ ☆ ☆ ☆
	DAY 12 [작문] 문장 고쳐 쓰기	분 초	☆ ☆ ☆ ☆ ☆
	DAY 13 [작문] 조건에 맞는 개요 작성	분 초	☆ ☆ ☆ ☆ ☆
PART 7. 문학+독해 결합형	**DAY 14** 현대 운문, 현대 산문	분 초	☆ ☆ ☆ ☆ ☆
	DAY 15 고전 운문, 고전 산문	분 초	☆ ☆ ☆ ☆ ☆
PART 8. 문법+독해 결합형	**DAY 16** 형태론	분 초	☆ ☆ ☆ ☆ ☆
	DAY 17 통사론	분 초	☆ ☆ ☆ ☆ ☆
	DAY 18 음운론	분 초	☆ ☆ ☆ ☆ ☆

CONTENTS⁺
이 책의 차례

박혜선 국어
독해 신유형 공부

Chapter 01

어휘-문맥적 의미 추론

인사혁신처에서는 2025년부터 **'지식 암기 위주'**에서

'사고력, 추론력, 비판력'을 측정하는 문제 유형으로 출제될 것임을 발표했습니다.

이 부분은 어휘 영역에서도 크게 작용이 되어

2025년부터는 특정 어휘의 문맥적인 의미를 추론하는 것으로 변화가 이루어집니다.

혜선 쌤 고유의 문제 풀이 방식을 전수 받으셔서 꼭 이 영역의 고수가 되시기를 기대합니다~^^

2025년에 이 유형은 20문제 중 무조건 1문제 나올 수 있는 0순위 최빈출 유형에 해당합니다~^^

다만, 단독으로 나오지는 않고, 세트형의 2번째 문제에 출제될 가능성이 있습니다~^^

독해신공! 이론 어휘의 문맥적 의미

문맥적 의미를 잘 풀려면 밑줄 친 어휘의 성격을 파악해야 한다.
동음이의 혹은 다의 관계에서 파생된 문제이므로 이들의 성격을 먼저 파악해 보면 좋다.

1 동음이의 관계 vs 다의 관계

	동음이의(同音異義) 관계	다의(多義) 관계
개념	소리는 같으나 뜻이 다른 단어로 이루어진 단어	한 단어가 두 가지 이상의 뜻을 가진 것
특징	완전히 다른 두 단어의 관계이므로 표제어가 각각 다르게 등재된다.	같은 표제어 안에 뜻이 여러 개 있는 관계이므로 같은 표제어 안에 파생된 의미들이 등재된다.
예	손1 「1」 사람의 팔목 끝에 달린 부분 예 손으로 범인을 잡다. 손2 「1」 다른 곳에서 찾아온 사람. 예 우리 집에 온 손을 맞이하였다. 손3 날짜에 따라 방향을 달리하여 따라다니면서 사람의 일을 방해한다는 귀신. 예 손 때문에 일이 그르쳐졌다.	손1 「1」 사람의 팔목 끝에 달린 부분. 예 손으로 범인을 잡다. 「2」 손끝의 다섯 개로 갈라진 부분. 손가락 예 손에 반지를 끼다. 「3」 일을 하는 사람. 예 손이 달리다. 「4」 어떤 일을 하는 데 드는 사람의 힘이나 노력, 기술. 예 그 일은 손이 많이 간다. 「5」 어떤 사람의 영향력이나 권한이 미치는 범위. 예 넌 내 손 안에 있다. 「6」 사람의 수완이나 꾀. 예 장사꾼의 손에 놀아나다.

② 다의 관계의 의미 확장 방법

여기에서 특히, 다의 관계의 성격을 좀 더 잘 파악해 보면 도움이 된다.

중심적 의미	주변적 의미 1	주변적 의미 2	주변적 의미 3	주변적 의미 4

1. 사람 → 동식물 → 무생물

2. 공간 → 시간 → 추상

3. 물리적 위치 → 사회적 위치 → 심리적 위치

4. 문자성 → 비유성 → 관용성

亦功 예시

어깨1

「1」 사람의 몸에서, 목의 아래 끝에서 팔의 위 끝에 이르는 부분.
　　예 누군가 뒤에서 내 <u>어깨</u>를 툭 쳤다.

「2」 옷소매가 붙은 솔기와 깃 사이의 부분.
　　예 요사이는 <u>어깨</u>가 넓은 옷이 유행이다.

「3」 짐승의 앞다리나 새의 날개가 붙은 윗부분.
　　예 곰의 <u>어깨</u>

「4」 힘이나 폭력 따위를 일삼는 불량배를 속되게 이르는 말.
　　예 고통을 함께 나눈 우정을 가지고 우리는 하나처럼 움직였다. 산동네와 시장통 <u>어깨</u>들이 우리를 피할 정도였다.

亦功신공 빨리 푸는 전략!

○ **1단계**

밑줄 ㉠을 다른
어휘로 바꾸기

○ **2단계**

밑줄 ㉠과 호응하는
단어의 성격과
같은 단어가 있는
선지 찾기

○ **3단계**

1단계와 2단계를 모두
만족하는 어휘 고르기

01 문맥상 ㉠의 의미와 가장 가까운 것은? 2025 인혁처 샘플

‘크로노토프’는 그리스어로 시간과 공간을 뜻하는 두 단어를 결합한 것으로, 시공간을 통합적으로 이해하기 위한 개념이다. 크로노토프의 관점에서 보면 고소설과 근대소설의 차이를 명확하게 파악할 수 있다.

고소설에는 돌아가야 할 곳으로서의 원점이 존재한다. 그것은 영웅소설에서라면 중세의 인륜이 원형대로 보존된 세계이고, 가정소설에서라면 가장을 중심으로 가족 구성원들이 평화롭게 공존하는 가정이다. 고소설에서 주인공은 적대자에 의해 원점에서 분리되어 고난을 겪는다. 그들의 목표는 상실한 원점을 회복하는 것, 즉 그곳에서 향유했던 이상적 상태로 ㉠ 돌아가는 것이다. 주인공과 적대자 사이의 갈등이 전개되는 시간을 서사적 현재라 한다면, 주인공이 도달해야 할 종결점은 새로운 미래가 아니라 다시 도래할 과거로서의 미래이다. 이러한 시공간의 배열을 ‘회귀의 크로노토프’라고 한다.

근대소설 「무정」은 회귀의 크로노토프를 부정한다. 이것은 주인공인 이형식과 박영채의 시간 경험을 통해 확인된다. 형식은 고아지만 이상적인 고향의 기억을 갖고 있다. 그것은 박 진사의 집에서 영채와 함께하던 때의 기억이다. 이는 영채도 마찬가지기에, 그들에게 박 진사의 집으로 표상되는 유년의 과거는 이상적 원점의 구실을 한다. 박 진사의 죽음은 그들에게 고향의 상실을 상징한다. 두 사람의 결합이 이상적 상태의 고향을 회복할 수 있는 유일한 방법이겠지만, 그들은 끝내 결합하지 못한다. 형식은 새 시대의 새 인물이 되어야 한다고 생각하며 과거로의 복귀를 거부한다.

① 전쟁은 연합군의 승리로 돌아갔다.
② 사과가 한 사람 앞에 두 개씩 돌아간다.
③ 그는 잃어버린 동심으로 돌아가고 싶었다.
④ 그녀는 자금이 잘 돌아가지 않는다며 걱정했다.

01 문맥상 ㉠의 의미와 가장 가까운 것은? 2025 인혁처 샘플

'크로노토프'는 그리스어로 시간과 공간을 뜻하는 두 단어를 결합한 것으로, 시공간을 통합적으로 이해하기 위한 개념이다. 크로노토프의 관점에서 보면 고소설과 근대소설의 차이를 명확하게 파악할 수 있다.

고소설에는 돌아가야 할 곳으로서의 원점이 존재한다. 그것은 영웅소설에서라면 중세의 인륜이 원형대로 보존된 세계이고, 가정소설에서라면 가장을 중심으로 가족 구성원들이 평화롭게 공존하는 가정이다. 고소설에서 주인공은 적대자에 의해 원점에서 분리되어 고난을 겪는다. 그들의 목표는 상실한 원점을 회복하는 것, 즉 그곳에서 향유했던 이상적 상태로
→ 원래의 상태가 되다
㉠ 돌아가는 것이다. 주인공과 적대자 사이의 갈등이 전개되는 시간을 서사적 현재라 한다면, 주인공이 도달해야 할 종결점은 새로운 미래가 아니라 다시 도래할 과거로서의 미래이다. 이러한 시공간의 배열을 '회귀의 크로노토프'라고 한다.

근대소설 「무정」은 회귀의 크로노토프를 부정한다. 이것은 주인공인 이형식과 박영채의 시간 경험을 통해 확인된다. 형식은 고아지만 이상적인 고향의 기억을 갖고 있다. 그것은 박 진사의 집에서 영채와 함께하던 때의 기억이다. 이는 영채도 마찬가지기에, 그들에게 박 진사의 집으로 표상되는 유년의 과거는 이상적 원점의 구실을 한다. 박 진사의 죽음은 그들에게 고향의 상실을 상징한다. 두 사람의 결합이 이상적 상태의 고향을 회복할 수 있는 유일한 방법이겠지만, 그들은 끝내 결합하지 못한다. 형식은 새 시대의 새 인물이 되어야 한다고 생각하며 과거로의 복귀를 거부한다.

① 전쟁은 연합군의 승리로 돌아갔다. 결론이 났다

② 사과가 한 사람 앞에 두 개씩 돌아간다. 나누어진다

③ 그는 잃어버린 동심으로 돌아가고 싶었다. 원래의 상태가 되다

④ 그녀는 자금이 잘 돌아가지 않는다며 걱정했다. 순환되지

02 ㉠의 문맥적 의미와 가장 유사한 것은?

> 그리고 'X → Y'에서 향상도가 1보다 크다는 것은 X를 구매했을 때 Y를 구매할 확률이, 전체 거래에서 Y를 구매할 확률보다 크다는 것이다. 따라서 이 연관 규칙은 결과를 예측하는 데 있어서 우연적 기회보다 우수하여 마케팅 전략을 ㉠ 세우는 데 유용하게 활용된다.

① 시험이 끝난 학생들이 방학 계획을 세웠다.
② 과장은 회사의 실적을 올리는 데 공을 세웠다.
③ 목수는 목재를 잘 자르기 위해 톱날을 세웠다.
④ 우리 학교는 많은 노력을 기울여 전통을 세웠다.

03 문맥상 의미가 ㉠과 가장 가까운 것은?

> 이러한 고가의 재산에 대해 선의취득을 허용하게 되면 원래 소유자의 의사에 반하는 소유권 박탈이 ㉠ 일어나게 된다. 이것은 거래 안전에만 치중하고 원래 소유자의 권리 보호를 경시한 것이 되어 바람직하지 않다고 볼 수 있다.

① 작년은 우리나라에서 수많은 사건이 일어난 해였다.
② 청중 사이에서는 기쁨으로 인해 환호성이 일어났다.
③ 형님의 강한 의지력으로 집안이 다시 일어나게 되었다.
④ 나는 그 사람에 대해 경계심이 일어나지 않을 수 없었다.

02 ㉠의 문맥적 의미와 가장 유사한 것은?

> 그리고 'X → Y'에서 향상도가 1보다 크다는 것은 X를 구매했을 때 Y를 구매할 확률이,
>
> 전체 거래에서 Y를 구매할 확률보다 크다는 것이다. 따라서 이 연관 규칙은 결과를 예측하
>
> 는 데 있어서 우연적 기회보다 우수하여 마케팅 전략을 ㉠ 세우는 데 유용하게 활용된다.

　　　　　　　　　　　　　　　　　→ 짰다　　　　　→ 짜는

① 시험이 끝난 학생들이 방학 계획을 세웠다.

② 과장은 회사의 실적을 올리는 데 공을 세웠다.
　　　　　　　　　　　　　　　　→ 이루었다

③ 목수는 목재를 잘 자르기 위해 톱날을 세웠다.
　　　　　　　　　　　　　　　　→ 날카롭게 했다

④ 우리 학교는 많은 노력을 기울여 전통을 세웠다.
　　　　　　　　　　　　　　　　→ 지켰다

03 문맥상 의미가 ㉠과 가장 가까운 것은?

> 이러한 고가의 재산에 대해 선의취득을 허용하게 되면 원래 소유자의 의사에 반하는 소
> 　　　　　　　　→ 발생하게
> 유권 박탈이 ㉠ 일어나게 된다. 이것은 거래 안전에만 치중하고 원래 소유자의 권리 보호를
>
> 경시한 것이 되어 바람직하지 않다고 볼 수 있다.

　　　　　　　　　　　　　→ 발생한

① 작년은 우리나라에서 수많은 사건이 일어난 해였다.

　　　　　　　　　　　　　　　　→ 소리가 났다

② 청중 사이에서는 기쁨으로 인해 환호성이 일어났다.

　　　　　　　　　　　　　　　　　→ 성하게(성공하게)

③ 형님의 강한 의지력으로 집안이 다시 일어나게 되었다.

④ 나는 그 사람에 대해 경계심이 일어나지 않을 수 없었다.
　　　　　　　　　　　　　→ (마음이)생기지

DAY
01 亦(역)功(공) 어휘-문맥적 의미 추론 문제 훈련

01 문맥상 의미가 ㉠과 가장 가까운 것은?

> 이를 완화할 수 있는 정책 수단으로는 경기 대응 완충자본 제도를 ㉠ 들 수 있다. 이 제도는 정책 당국이 경기 과열기에 금융 회사로 하여금 최저 자기자본에 추가적인 자기자본, 즉 완충자본을 쌓도록 하여 과도한 신용 팽창을 억제시킨다.

① 나는 그 사람에게 친근감이 <u>든다</u>.
② 그는 목격자의 진술을 증거로 <u>들고</u> 있다.
③ 그분은 이미 대가의 경지에 <u>든</u> 학자이다.
④ 하반기에 <u>들자</u> 수출이 서서히 증가하기 시작했다.

1. 정답인 이유

2. 틀린 답인 이유(나의 약점)

02 문맥상 의미가 ㉠과 가장 가까운 것은?

> 사무실의 방충망이 낡아서 파손되었다면 세입자와 사무실을 빌려 준 건물주 중 누가 고쳐야 할까? 이 경우, 민법전의 법조문에 의하면 임대인인 건물주가 수선할 의무를 ㉠ 진다.

① 네게 계속 신세만 <u>지기가</u> 미안하다.
② 우리는 그 문제로 원수를 <u>지게</u> 되었다.
③ 아이들은 배낭을 <u>진</u> 채 여행을 떠났다.
④ 나는 조장으로서 큰 부담을 <u>지고</u> 있다.

1. 정답인 이유

2. 틀린 답인 이유(나의 약점)

03 ㉠과 문맥적 의미가 가장 유사한 것은?

> 자본 불변의 원칙은 자본금을 임의로 변경하지 못하며 자본금의 변경을 위해서는 법적 절차를 ㉠ 거쳐야 한다는 것이다. 우리나라의 법률에서 자본금의 증가는 이사회의 결의만으로 가능하도록 한 반면에 자본금의 감소는 엄격한 법적 절차를 요구하고 있다.

① 돌멩이가 발길에 자꾸 거쳐 다니기가 불편하다.
② 그는 매일 아침 학교 앞 사거리를 거쳐서 회사로 간다.
③ 그 일들은 우리가 합의한 과정을 거쳐서 진행된 것이다.
④ 가장 어려운 문제를 해결하여 마음에 거칠 것이 없어졌다.

1. 정답인 이유
_____

2. 틀린 답인 이유(나의 약점)
_____

04 문맥상 ㉠의 의미와 가장 가까운 의미로 쓰인 것은?

> 채권의 신용 등급은 신용 위험의 변동에 따라 조정될 수 있다. 다른 조건이 일정한 가운데 신용 위험이 커지면 채권 시장에서 해당 채권의 가격이 ㉠ 떨어진다.

① 오늘 아침에는 기온이 영하로 떨어졌다.
② 과자 한 봉지를 팔면 내게 100원이 떨어진다.
③ 더위를 먹었는지 입맛이 떨어지고 기운이 없다.
④ 신발이 떨어져서 걸을 때마다 빗물이 스며든다.

1. 정답인 이유
_____

2. 틀린 답인 이유(나의 약점)
_____

Chapter 02 어휘 – 바꿔 쓸 수 있는 유사한 표현

바꿔 쓸 수 있는 유사한 표현이 적절한지 적절하지 않은지를 물어보는 유형입니다.
이 경우에는 **밑줄 친 ⑤~⑧은 순우리말(고유어)로** 나타나게 되고
이를 의미가 비슷한 한자어 단어로 바꿀 수 있는가를 묻는 문제라고 볼 수 있습니다.
2025년에 이 유형은 20문제 중 무조건 1문제 나올 수 있는 0순위 최빈출 유형에 해당합니다.
다만, 단독으로 나오지는 않고, 세트형의 2번째 문제에 출제될 가능성이 있습니다.

정답 및 해설 p.179

TYPE 1 ⑤~⑧과 바꿔 쓸 수 있는 유사한 표현 추론

01 ⑤~⑧과 바꿔 쓸 수 있는 유사한 표현으로 적절하지 않은 것은? 2025 인혁처 샘플

> 한국 신화에 보이는 신과 인간의 관계는 다른 나라의 신화와 ⑤ 견주어 볼 때 흥미롭다. 한국 신화에서 신은 인간과의 결합을 통해 결핍을 해소함으로써 완전한 존재가 되고, 인간은 신과의 결합을 통해 혼자 할 수 없었던 존재론적 상승을 이룬다.
> 한국 건국신화에서 주인공인 신은 지상에 내려와 왕이 되고자 한다. 천상적 존재가 지상적 존재가 되기를 ⑥ 바라는 것인데, 인간들의 왕이 된 신은 인간 여성과의 결합을 통해 자식을 낳음으로써 결핍을 메운다. 무속신화에서는 인간이었던 주인공이 신과의 결합을 통해 신적 존재로 ⑦ 거듭나게 됨으로써 존재론적으로 상승하게 된다. 이처럼 한국 신화에서 신과 인간은 서로의 존재를 필요로 한다는 점에서 상호의존적이고 호혜적이다.
> 다른 나라의 신화들은 신과 인간의 관계가 한국 신화와 달리 위계적이고 종속적이다. 히브리 신화에서 피조물인 인간은 자신을 창조한 유일신에 대해 원초적 부채감을 지니고 있으며, 신이 지상의 모든 일을 관장한다는 점에서 언제나 인간의 우위에 있다. 이러한 양상은 북유럽이나 바빌로니아 등에 ⑧ 퍼져 있는 신체 화생 신화에도 유사하게 나타난다. 신체 화생 신화는 신이 죽음을 맞게 된 후 그 신체가 해체되면서 인간 세계가 만들어지게 된다는 것인데, 신의 희생 덕분에 인간 세계가 만들어질 수 있었다는 점에서 인간은 신에게 철저히 종속되어 있다.

① ⑤: 비교해
② ⑥: 희망하는
③ ⑦: 복귀하게
④ ⑧: 분포되어

TYPE 1 ㉠~㉣과 바꿔 쓸 수 있는 유사한 표현 추론

01 ㉠~㉣과 바꿔 쓸 수 있는 유사한 표현으로 적절하지 않은 것은? 2025 인혁처 샘플

한국 신화에 보이는 신과 인간의 관계는 다른 나라의 신화와 ㉠ 견주어 볼 때 흥미롭다. 한국 신화에서 신은 인간과의
└→ 비교하여

결합을 통해 결핍을 해소함으로써 완전한 존재가 되고, 인간은 신과의 결합을 통해 혼자 할 수 없었던 존재론적 상승을

이룬다.

한국 건국신화에서 주인공인 신은 지상에 내려와 왕이 되고자 한다. 천상적 존재가 지상적 존재가 되기를 ㉡ 바라는 것인데,
┌→ 희망하는

인간들의 왕이 된 신은 인간 여성과의 결합을 통해 자식을 낳음으로써 결핍을 메운다. 무속신화에서는 인간이었던 주인공이

신과의 결합을 통해 신적 존재로 ㉢ 거듭나게 됨으로써 존재론적으로 상승하게 된다. 이처럼 한국 신화에서 신과 인간은
└→ 복귀하게

서로의 존재를 필요로 한다는 점에서 상호의존적이고 호혜적이다.

다른 나라의 신화들은 신과 인간의 관계가 한국 신화와 달리 위계적이고 종속적이다. 히브리 신화에서 피조물인 인간은

자신을 창조한 유일신에 대해 원초적 부채감을 지니고 있으며, 신이 지상의 모든 일을 관장한다는 점에서 언제나 인간의

우위에 있다. 이러한 양상은 북유럽이나 바빌로니아 등에 ㉣ 퍼져 있는 신체 화생 신화에도 유사하게 나타난다. 신체 화생
└→ 분포되어

신화는 신이 죽음을 맞게 된 후 그 신체가 해체되면서 인간 세계가 만들어지게 된다는 것인데, 신의 희생 덕분에 인간 세계가

만들어질 수 있었다는 점에서 인간은 신에게 철저히 종속되어 있다.

① ㉠: 비교해

② ㉡: 희망하는

③ ㉢: 복귀하게

④ ㉣: 분포되어

• '복귀하다'로 말 만들어 보기
→ 철수가 직장으로 복귀하였다.
(→ 돌아갔다.)

• '거듭나다'로 말 만들어 보기
→ 철수는 새 사람으로 거듭났다.
(→ 새 사람이 되다.)

亦功신공 빨리 푸는 전략!

○ 1단계

선지의 단어를
밑줄 친 제시문의
단어에 넣어 보기

○ 2단계

만약, 모르겠다면,
선지의 단어를 가지고
스스로 말을 만들어 보기

그래도 모르겠다면,
밑줄 친 제시문의 단어로
스스로 말을 만들어 보기

○ 3단계

1단계, 2단계가
모두 충족되어야
답이 될 수 있다.

01 문맥상 ⓐ~ⓓ와 바꿔 쓰기에 적절하지 않은 것은?

(가) 진핵세포는 세포질에 막으로 둘러싸인 핵이 ⓐ 있고 그 안에 DNA가 있지만, 원핵세포는 핵이 없다.
(나) 대부분의 진핵세포는 미토콘드리아를 필수적으로 ⓑ 가지고 있다.
(다) 미토콘드리아 안에는 세포핵의 DNA와는 다른 DNA가 있으며 단백질을 합성하는 자신만의 리보솜을 가지고 있다는 사실이 ⓒ 밝혀지면서 공생발생설이 새롭게 부각되었다.
(라) 새로운 미토콘드리아는 이미 존재하는 미토콘드리아의 '이분 분열'을 통해서만 ⓓ 만들어진다.

① ⓐ: 존재(存在)하고
② ⓑ: 보유(保有)하고
③ ⓒ: 조명(照明)되면서
④ ⓓ: 생성(生成)된다

02 문맥상 ⓐ~ⓓ와 바꿔 쓰기에 적절하지 않은 것은?

(가) 알려지지 않았던 사료를 찾아내기도 하지만, 중요하지 않게 ⓐ 여겨졌던 자료를 새롭게 사료로 활용하거나 기존의 사료를 새로운 방향에서 파악하기도 한다.
(나) 이에 따라 역사학에서 영화를 통한 역사 서술에 대한 관심이 일고, 영화를 사료로 파악하는 경향도 ⓑ 나타났다.
(다) 역사에 대한 영화적 독해와 영화에 대한 역사적 독해는 영화와 역사의 관계에 대한 두 축을 ⓒ 이룬다.
(라) 왜냐하면 역사가들은 일차적으로 사실을 기록한 자료에 기반해서 연구를 ⓓ 펼치기 때문이다.

① ⓐ: 간주(看做)되었던
② ⓑ: 대두(擡頭)했다
③ ⓒ: 결합(結合)한다
④ ⓓ: 전개(展開)하기

01 문맥상 ⓐ~ⓓ와 바꿔 쓰기에 적절하지 않은 것은?

→ 존재하고

(가) 진핵세포는 세포질에 막으로 둘러싸인 핵이 ⓐ 있고 그 안에 DNA가 있지만, 원핵세포는 핵이 없다.

→ 보유하고

(나) 대부분의 진핵세포는 미토콘드리아를 필수적으로 ⓑ 가지고 있다.

(다) 미토콘드리아 안에는 세포핵의 DNA와는 다른 DNA가 있으며 단백질을 합성하는 자신만의 리보솜을 가지고 있다는 사실이 ⓒ 밝혀지면서 공생발생설이 새롭게 부각되었다.

→ 조명되면서

(라) 새로운 미토콘드리아는 이미 존재하는 미토콘드리아의 '이분 분열'을 통해서만 ⓓ 만들어진다.

→ 생성된다.

① ⓐ: 존재(存在)하고

② ⓑ: 보유(保有)하고

③ ⓒ: 조명(照明)되면서

④ ⓓ: 생성(生成)된다

• '조명되다'로 말 만들어 보기

→ 지난번 타계한 작가의 소설이 새롭게 조명되고 있다.

(→ 비춰지고)

• '밝혀지다'로 말 만들어 보기

→ 결국 진실이 밝혀졌다.

(→ 알려졌다.)

02 문맥상 ⓐ~ⓓ와 바꿔 쓰기에 적절하지 않은 것은?

→ 간주되었던

(가) 알려지지 않았던 사료를 찾아내기도 하지만, 중요하지 않게 ⓐ 여겨졌던 자료를 새롭게 사료로 활용하거나 기존의 사료를 새로운 방향에서 파악하기도 한다.

(나) 이에 따라 역사학에서 영화를 통한 역사 서술에 대한 관심이 일고, 영화를 사료로 파악하는 경향도 ⓑ 나타났다. → 대두했다.

(다) 역사에 대한 영화적 독해와 영화에 대한 역사적 독해는 영화와 역사의 관계에 대한 두 축을 ⓒ 이룬다. → 결합한다.

(라) 왜냐하면 역사가들은 일차적으로 사실을 기록한 자료에 기반해서 연구를 ⓓ 펼치기 때문이다.

→ 전개하기

① ⓐ: 간주(看做)되었던

② ⓑ: 대두(擡頭)했다

③ ⓒ: 결합(結合)한다

④ ⓓ: 전개(展開)하기

• '결합하다'로 말 만들어 보기

→ 원자들을 결합하면 분자가 형성된다.

(→ 하나로 합치면)

• '이루다'로 말 만들어 보기

→ 사물을 이루고 있는 요소

(→ 구성하고)

亦功신공 빨리 푸는 전략!

○ **1단계**

선지의 단어를
밑줄 친 제시문의
단어에 넣어 보기

▼

○ **2단계**

만약, 모르겠다면,
선지의 단어를 가지고
스스로 말을 만들어 보기

그래도 모르겠다면,
밑줄 친 제시문의 단어로
스스로 말을 만들어 보기

▼

○ **3단계**

1단계, 2단계가
모두 충족되어야
답이 될 수 있다.

03 문맥상 ⓐ~ⓓ와 바꿔 쓰기에 적절한 것은?

(가) '차이'란 두 대상을 정태적으로 비교해서 ⓐ 나오는 어떤 것이 아니라, 두 대상이 만나고 섞임으로써 '생성'되는 것이다.

(나) 새로 산 옷을 입으면, 이 옷은 얼마 지나지 않아 많은 주름이 ⓑ 생긴다.

(다) 대지와 건물이 구분되지 않고 하나로 연결되어 통합되기도 하고, 건물 자체가 대지를 완전히 ⓒ 덮어서 대지와 건물이 통합되기도 한다.

(라) 주름진 곡선이 연속적으로 이어지고 있는데, 하늘에서 ⓓ 내려다보면 건물 전체가 대지를 덮고 있는 형상을 띠고 있다.

① ⓐ: 도출(導出)되는
② ⓑ: 구성(構成)된다
③ ⓒ: 봉인(封印)하여
④ ⓓ: 주시(注視)하면

03 문맥상 ⓐ~ⓓ와 바꿔 쓰기에 적절한 것은?

(가) '차이'란 두 대상을 정태적으로 비교해서 ⓐ 나오는 어떤 것이 아니라, 두 대상이 만나

      └→ 도출되는

고 섞임으로써 '생성'되는 것이다.

      └→ 구성된다
      → 우리나라는 단일민족으로 구성되었다.(짜였다.)

(나) 새로 산 옷을 입으면, 이 옷은 얼마 지나지 않아 많은 주름이 ⓑ 생긴다.

(다) 대지와 건물이 구분되지 않고 하나로 연결되어 통합되기도 하고, 건물 자체가 대지를

      └→ 봉인하여 → 서류봉투를 봉인하다.

완전히 ⓒ 덮어서 대지와 건물이 통합되기도 한다.

(라) 주름진 곡선이 연속적으로 이어지고 있는데, 하늘에서 ⓓ 내려다보면 건물 전체가 대

            └→ 주시하면

지를 덮고 있는 형상을 띠고 있다.

      → 철수의 눈이 나를 주시했다.(집중하여 보다.)

① ⓐ: 도출(導出)되는

② ⓑ: 구성(構成)된다

③ ⓒ: 봉인(封印)하여

④ ⓓ: 주시(注視)하면

DAY

02 亦(역)功(공) 바꿔 쓸 수 있는 유사한 표현 문제 훈련

01 문맥상 ㉠~㉣과 바꿔 쓴 것으로 가장 적절한 것은?

(가) 그와 달리 코페르니쿠스는 태양을 우주의 중심에 고정하고 그 주위를 지구를 비롯한 행성들이 공전하며 지구가 자전하는 우주 모형을 ㉠<u>만들었다</u>.

(나) 신의 형상을 ㉡<u>지닌</u> 인간을 한갓 행성의 거주자로 전락시키는 것으로 여겨졌기 때문이다.

(다) 중국 지식인들은 서양 과학이 중국의 지적 유산에 적절히 연결되지 않으면 아무리 효율적이더라도 불온한 요소로 ㉢<u>여겼다</u>.

(라) 그러면서 서양 과학의 우수한 면은 모두 중국 고전에 이미 ㉣<u>갖추어져</u> 있던 것인데 웅명우 등이 이를 깨닫지 못한채 성리학 같은 형이상학에 몰두했다고 비판했다.

① ㉠: 고안(考案)했다
② ㉡: 소지(所持)한
③ ㉢: 설정(設定)했다
④ ㉣: 시사(示唆)되어

📎

1. 정답인 이유

_____

_____

2. 틀린 답인 이유(나의 약점)

_____

_____

02 문맥상 ㉠~㉣과 바꿔 쓴 것으로 가장 적절한 것은?

> (가) 근래 들어 노동 양식에 주목한 생산학파와 소비 양식에 주목한 소비학파의 입장을 ㉠ <u>아우르려는</u> 연구가 진행되고 있다.
> (나) 하지만 소비 행위의 의미가 자본가에게 이윤을 ㉡ <u>가져다주는</u> 구매 행위로 축소될 수는 없다고 생각했다.
> (다) 공장에서 컨베이어 벨트가 만들어 내는 기계의 리듬을 ㉢ <u>떠올리게</u> 한다.
> (라) 이러한 충격 체험을 환각, 꿈의 체험에 ㉣ <u>빗대어</u> '시각적 무의식'이라고 불렀다.

① ㉠: 봉합(縫合)하려는
② ㉡: 보증(保證)하는
③ ㉢: 연상(聯想)하게
④ ㉣: 의지(依支)하여

---

1. 정답인 이유

2. 틀린 답인 이유(나의 약점)

---

03 문맥상 ㉠~㉣과 바꿔 쓰기에 가장 적절한 것은?

> (가) 인터넷에 연결된 컴퓨터들이 서로를 식별하고 통신하기 위해서 각 컴퓨터들은 IP에 따라 ㉠ <u>만들어지는</u> 고유 IP 주소를 가져야 한다.
> (나) 현재 주로 사용하는 IP 주소는 '***.126.63.1'처럼 점으로 구분된 4개의 필드에 숫자를 사용하여 ㉡ <u>나타낸다</u>.
> (다) IP 주소 대신 사용하기 쉽게 'www.***.***' 등과 같이 문자로 ㉢ <u>이루어진</u> 도메인 네임을 이용한다.
> (라) 클라이언트는 이렇게 ㉣ <u>알아낸</u> IP 주소로 사이트를 찾아간다.

① ㉠: 제조(製造)되는
② ㉡: 표시(標示)한다
③ ㉢: 발생(發生)된
④ ㉣: 인정(認定)한

---

1. 정답인 이유

2. 틀린 답인 이유(나의 약점)

Chapter 03 지시 대상 추론

제시문을 준 후에 단어나 어구에 밑줄을 친 후

㉠~㉣의 기호를 단 후 밑줄 친 ㉠~㉣ 중 지시 대상이 다른 하나를 고르는 문제입니다.

2025년에 이 유형은 20문제 중 무조건 1문제 나올 수 있는 0순위 최빈출 유형에 해당합니다~^^

다만, 단독으로 나오지는 않고, 세트형의 2번째 문제에 출제될 가능성이 있습니다~^^

 이론

1 지시어

문맥 내에서 주로 미리 언급된 앞말을 가리킬 때 쓰이는 말.
에 이, 그, 저 / 이것, 그것, 저것 / 이들, 그들, 저들

2 지시어 찾는 방법

앞뒤의 문맥을 잘 파악하며 객관적인 단서에 따라 앞의 어떤 말을 지시해주는지를 파악해야 한다.

정답 및 해설 p.180

TYPE 1 지시 대상 추론 Pick!

01 문맥상 ㉠~㉣ 중 지시 대상이 같은 것만으로 묶인 것은? 2025 인혁처 샘플

영국의 유명한 원형 석조물인 스톤헨지는 기원전 3,000년경 신석기시대에 세워졌다. 1960년대에 천문학자 호일이 스톤헨지가 일종의 연산장치라는 주장을 하였고, 이후 엔지니어인 톰은 태양과 달을 관찰하기 위한 정교한 기구라고 확신했다. 천문학자 호킨스는 스톤헨지의 모양이 태양과 달의 배열을 나타낸 것이라는 의견을 제시해 관심을 모았다.

그러나 고고학자 앳킨슨은 ㉠ 그들의 생각을 비난했다. 앳킨슨은 스톤헨지를 세운 사람들을 '야만인'으로 묘사하면서, ㉡ 이들은 호킨스의 주장과 달리 과학적 사고를 할 줄 모른다고 주장했다. 이에 호킨스를 옹호하는 학자들이 진화적 관점에서 앳킨슨을 비판하였다. ㉢ 이들은 신석기시대보다 훨씬 이전인 4만 년 전의 사람들도 신체적으로 우리와 동일했으며 지능 또한 우리보다 열등했다고 볼 근거가 없다고 주장했다.

하지만 스톤헨지의 건설자들이 포괄적인 의미에서 현대인과 같은 지능을 가졌다고 해도 과학적 사고와 기술적 지식을 가지지는 못했다. ㉣ 그들에게는 우리처럼 2,500년에 걸쳐 수학과 천문학의 지식이 보존되고 세대를 거쳐 전승되어 쌓인 방대하고 정교한 문자 기록이 없었다. 선사시대의 생각과 행동이 우리와 똑같은 식으로 전개되지 않았으리라는 점은 매우 중요하다. 지적 능력을 갖췄다고 해서 누구나 우리와 같은 동기와 관심, 개념적 틀을 가졌으리라고 생각하는 것은 잘못이다.

① ㉠, ㉢

② ㉡, ㉣

③ ㉠, ㉡, ㉢

④ ㉠, ㉡, ㉣

TYPE 1 **지시 대상 추론 Pick!**

01 문맥상 ㉠~㉢ 중 지시 대상이 같은 것만으로 묶인 것은? 2025 인혁처 샘플

영국의 유명한 원형 석조물인 스톤헨지는 기원전 3,000년경 신석기시대에 세워졌다. 1960년대에 천문학자 호일이 스톤헨지가 일종의 연산장치라는 주장을 하였고, 이후 엔지니어인 톰은 태양과 달을 관찰하기 위한 정교한 기구라고 확신했다. 천문학자 호킨스는 스톤헨지의 모양이 태양과 달의 배열을 나타낸 것이라는 의견을 제시해 관심을 모았다.

그러나 고고학자 앳킨슨은 ㉠ 그들의 생각을 비난했다. 앳킨슨은 스톤헨지를 세운 사람들을 '야만인'으로 묘사하면서, ㉡ 이들은 호킨스의 주장과 달리 과학적 사고를 할 줄 모른다고 주장했다. 이에 호킨스를 옹호하는 학자들이 진화적 관점에서 앳킨슨을 비판하였다. ㉢ 이들은 신석기시대보다 훨씬 이전인 4만 년 전의 사람들도 신체적으로 우리와 동일했으며 지능 또한 우리보다 열등했다고 볼 근거가 없다고 주장했다.

앳킨슨의 주장

하지만 스톤헨지의 건설자들이 포괄적인 의미에서 현대인과 같은 지능을 가졌다고 해도 과학적 사고와 기술적 지식을 가지지는 못했다. ㉣ 그들에게는 우리처럼 2,500년에 걸쳐 수학과 천문학의 지식이 보존되고 세대를 거쳐 전승되어 쌓인 방대하고 정교한 문자 기록이 없었다. 선사시대의 생각과 행동이 우리와 똑같은 식으로 전개되지 않았으리라는 점은 매우 중요하다. 지적 능력을 갖췄다고 해서 누구나 우리와 같은 동기와 관심, 개념적 틀을 가졌으리라고 생각하는 것은 잘못이다.

① ㉠, ㉢

② ㉡, ㉣

③ ㉠, ㉡, ㉢

④ ㉠, ㉡, ㉣

결국, ㉠은 호일, 톰, 호킨스

㉡은 스톤헨지를 세운 사람들

㉢은 호킨스를 옹호하는 학자들

㉣은 스톤헨지의 건설자들

∴ ㉡, ㉣의 대상이 같다.

01 문맥상 ㉠~㉥ 중 지시 대상이 같은 것만으로 묶인 것은?

> 경제학 분야에서 시장 개입의 정당성에 대한 논쟁은 명확하게 대립하는 경제학적 사조 사이에서 이루어지고 있다. 두 사조는 경제 정책의 실행과 사회적 복지에 대한 접근 방식에서 극명한 차이를 보인다. 시장 개입을 찬성하는 케인즈학파는 경기 침체와 같은 비상 상황에서 시장의 역할만으로는 비효율적인 결과를 초래할 수 있으므로 정부의 적극적인 개입이 필요하다고 주장한다. ㉠ 이들은 경제의 총수요를 조절하여 경기를 부양하는 재정 정책과 통화 정책의 중요성을 강조한다. 예를 들어, 대공황 시기나 2008년 금융 위기와 같은 중대한 경제적 위기 상황에서 정부의 재정적, 통화적 개입이 없었다면 경제 회복이 더욱 늦어졌을 것이라는 입장을 취한다. 또한 ㉡ 이들은 불평등 감소와 고용 창출을 위하여 정부가 공공서비스와 인프라에 투자해야 한다고 주장하며, 이를 통해 장기적인 경제 성장을 도모하고자 한다.
>
> 반면, 자유시장주의자인 시카고학파는 경제의 자율성을 강조하며 정부의 시장 개입을 경제의 자연스러운 흐름을 방해하는 요소로 간주한다. ㉢ 이들은 시장이 자율적으로 자원을 효율적으로 배분하고 경제적 균형을 이룰 수 있다고 믿으며, 과도한 정부의 개입이 시장 실패를 초래하고 경제 성장을 저해할 수 있다고 본다. 밀턴 프리드먼 같은 학자들은 특히 정부의 규제를 줄이고 세금을 낮춤으로써 민간 부문의 활동을 촉진해야 한다고 강조한다. ㉣ 그들은 자유로운 경쟁을 통해 혁신이 이루어지고 소비자에게 더 많은 혜택이 돌아간다고 보며, 정부는 가능한 한 경제에서 손을 떼야 한다고 주장하였다. 이를 종합할 때 ㉤ 케인즈학파는 사회적 복지와 경제적 안정성을 중시하는 반면, ㉥ 시카고학파는 개인의 자유와 시장의 효율성을 최우선으로 여김을 알 수 있다.

① ㉠, ㉡, ㉢
② ㉠, ㉡, ㉤
③ ㉡, ㉢, ㉣
④ ㉢, ㉣, ㉥

01 문맥상 ㉠~㉂ 중 지시 대상이 같은 것만으로 묶인 것은?

경제학 분야에서 시장 개입의 정당성에 대한 논쟁은 명확하게 대립하는 경제학적 사조 사이에서 이루어지고 있다. 두 사조는 경제 정책의 실행과 사회적 복지에 대한 접근 방식에서 극명한 차이를 보인다. 시장 개입을 찬성하는 케인즈학파는 경기 침체와 같은 비상 상황에서 시장의 역할만으로는 비효율적인 결과를 초래할 수 있으므로 정부의 적극적인 개입이 필요하다고 주장한다. ㉠ 이들은 경제의 총수요를 조절하여 경기를 부양하는 재정 정책과 통화 정책의 중요성을 강조한다. 예를 들어, 대공황 시기나 2008년 금융 위기와 같은 중대한 경제적 위기 상황에서 정부의 재정적, 통화적 개입이 없었다면 경제 회복이 더욱 늦어졌을 것이라는 입장을 취한다. 또한 ㉡ 이들은 불평등 감소와 고용 창출을 위하여 정부가 공공 서비스와 인프라에 투자해야 한다고 주장하며, 이를 통해 장기적인 경제 성장을 도모하고자 한다.

반면, 자유시장주의자인 시카고학파는 경제의 자율성을 강조하며 정부의 시장 개입을 경제의 자연스러운 흐름을 방해하는 요소로 간주한다. ㉢ 이들은 시장이 자율적으로 자원을 효율적으로 배분하고 경제적 균형을 이룰 수 있다고 믿으며, 과도한 정부의 개입이 시장 실패를 초래하고 경제 성장을 저해할 수 있다고 본다. 밀턴 프리드먼 같은 학자들은 특히 정부의 규제를 줄이고 세금을 낮춤으로써 민간 부문의 활동을 촉진해야 한다고 강조한다. ㉣ 그들은 자유로운 경쟁을 통해 혁신이 이루어지고 소비자에게 더 많은 혜택이 돌아간다고 보며, 정부는 가능한 한 경제에서 손을 떼야 한다고 주장하였다. 이를 종합할 때 ㉤ 케인즈학파는 사회적 복지와 경제적 안정성을 중시하는 반면, ㉥ 시카고학파는 개인의 자유와 시장의 효율성을 최우선으로 여김을 알 수 있다.

① ㉠, ㉡, ㉢

② ㉠, ㉡, ㉤

③ ㉡, ㉢, ㉣

④ ㉢, ㉣, ㉥

결국, ㉠은 시장 개입을 찬성하는 케인즈 학파(정부의 적극적인 개입)

㉡은 시장 개입을 찬성하는 케인즈 학파(정부가 공공서비스 투자)

㉢은 자유시장주의인 시카고 학파(경제의 자율성 강조)

㉣은 밀턴 프리드먼 같은 학자들

㉤ 케인즈학파

㉥ 시카고학파

DAY

03 亦功 지시 대상 추론 문제 훈련

01 문맥상 ㉠~㉣ 중 지시 대상이 같은 것만으로 묶인 것은?

헤겔은 역사를 인간 정신의 발전 과정으로 보며, 이 과정에서 나타나는 변화와 발전은 필연적이고 합리적인 것이라고 설명하였다. 또한 세계사에서 전개되는 ㉠ <u>이러한 세계정신</u>이 구체적으로 전개되는 과정에서는 세계사를 주도하는 특정한 민족의 역할이 주요하다고 보았다. 고대에는 그리스 민족, 로마 민족이 세계를 주도하였고 근대에는 영국과 프랑스가 주도한 것을 근거로 삼는다. 그에 따르면 모든 역사적 사건은 세계정신이 자기 자신을 완성해 가는 과정의 일부이고, 인간은 ㉡ <u>이러한 대의명분</u>을 실현하는 도구에 지나지 않는다. 헤겔은 역사의 모든 충돌과 대립이 높은 수준의 자유와 이해를 향한 진보를 가져온다고 주장하였다. 이러한 관점은 역사적 결정론을 강조하며, 개인의 자유는 역사적 필연성에 종속된다고 보았다. 그런데 헤겔이 파악한 보편사의 과정에서는 인도나 중국 등 동양에 대한 선입견과 아프리카 흑인에 대한 인종적인 편견이 드러나 있다.

니체는 ㉢ <u>이러한 견해</u>를 강력하게 비판하였다. 니체는 19세기 역사가들이 자신을 객관적으로 여긴다고 보지만 이는 근대의 미신에 불과하다고 보았다. 또한 현재가 가진 힘, 즉 '힘에의 의지'를 최대한 발휘하여 과거를 해석할 것을 주장하였다. 그에 따르면 ㉣ <u>역사의 동력</u>은 개인의 열정과 욕망에서 비롯되며, 이는 예측할 수 없고 통제할 수 없는 것이다. 그는 삶의 활력을 키워주지 않는 역사 지식은 아무런 쓸모가 없다고 주장함으로써 독창적인 역사관을 펼쳐나갔다.

① ㉡, ㉣

② ㉠, ㉡, ㉢

③ ㉠, ㉡, ㉣

④ ㉠, ㉢, ㉣

1. 정답인 이유

2. 틀린 답인 이유(나의 약점)

02 문맥상 ㉠~㉣ 중 지시 대상이 같은 것만으로 묶인 것은?

데이비드 흄과 임마누엘 칸트 사이의 인식론적 견해 차이는 근대 철학에서 매우 중요한 주제이다. 흄은 순수한 경험론자로 모든 인간의 ㉠ 지식은 경험에서 기인한다고 주장하였다. 그에 따르면 우리가 인식할 수 있는 것은 오직 감각을 통해 직접 경험한 내용뿐이며, 이것들이 축적되어 우리의 ㉡ 지식을 형성한다고 보았다. 그는 특히 원인과 결과의 관계를 분석하면서 인간이 원인과 결과를 연결 짓는 지식은 경험을 통해 반복적으로 관찰된 사건들의 관계에서 비롯된다고 주장하였다. 또한 이는 논리적 필연성이 아니라 인간의 관습과 습관에 의존한다고 설명하였다.

임마누엘 칸트는 이러한 접근에 근본적인 도전을 제기하였다. 칸트는 흄이 제시한 인식론적 회의주의를 넘어서, 순수 이성의 역할을 강조함으로써 지식에 대한 새로운 관점을 제안하였다. 칸트는 『순수이성비판』에서 이성이 단순히 경험적 데이터를 처리하는 것을 넘어, 인식의 구조와 범주를 형성하는 능동적인 역할을 한다고 주장하였다. 그는 인간의 이성이 경험을 초월하여 우주와 자연 법칙에 대한 보편적이고 필연적인 ㉢ 지식을 가능하게 하는 원리들을 제공한다고 설명한다. 이에 따라 칸트는 인간의 이성이 형성하는 범주와 원리들이 우리가 경험하는 현상 세계를 해석하고 이해하는 데 필수적이라고 강조하면서 인간 지식의 확고한 기반을 마련하려고 시도하였다.

칸트는 이성의 능력과 그 구조적 역할을 강조하며 보다 견고하고 체계적인 인식론을 제시한 반면, 흄은 감각과 경험의 중요성을 강조하면서 ㉣ 지식의 주관성과 변동성을 강조하였다. 이러한 대립은 오늘날까지도 철학적 탐구의 중심적인 주제로 남아 있으며, 인간 지식의 본질과 한계를 이해하는 데 중대한 철학적 기여를 하고 있다.

① ㉠, ㉡, ㉢
② ㉠, ㉡, ㉣
③ ㉠, ㉢, ㉣
④ ㉡, ㉢, ㉣

1. 정답인 이유

2. 틀린 답인 이유(나의 약점)

박혜선 국어
독해 신유형 공부

Chapter

01 접속어와 지시어

접속어와 지시어를 통해 글(제시문)을 읽으면 좋은 점은
첫째, 글의 흐름을 잘 파악하면서 글을 이해할 수 있다는 것입니다.
둘째, 각 문단의 중심 내용을 쉽게 파악하고 정리할 수 있습니다.

특히 접속어 빈칸 추론 문제나 지시어를 찾는 문제에도 활용할 수 있다는 점에서
아래의 독해 신공 이론은 꼭! 익혀야 합니다.

1 지시어

'이것, 그것, 저것', '이들, 그들, 저들', '여기, 거기, 저기', '이러한, 그러한'처럼 '이, 그, 저'로 표현되는 말입니다.
지시어는 앞뒤의 흐름에 따라 결정이 되는데 보통은 앞에 언급된 것을 받는 경우가 많습니다.

2 접속어

단어나 구절, 문장을 이어 주는 구실을 하는 말로 보통 우리나라에서는 접속부사로 일컫는 말입니다.
접속어는 앞의 내용을 정리하거나, 뒤의 내용을 예측하거나, 글쓴이의 주제를 강조하는 데 쓰이므로
우리가 문장의 강약을 조절하며 읽을 수 있게 돕는다는 점에서 의미가 큽니다.

접속어	시각화 방법	의미 및 기능
즉, 이처럼, 다시 말해, 요컨대	=	앞의 말이 너무 중요해 한번 더 언급해 줄 때 쓰는 접속어
하지만, 그러나, 반면, 이와는 달리, 그렇지만	♡	앞과 뒤의 맥락이 반대일 때 쓰는 접속어
그런데, 한편	♡	앞뒤의 중심화제는 같으나 뒤에 새로운 내용이 언급되어 초점이 전환될 때 쓰는 접속어
그리고, 또, 게다가, 심지어, 더구나, 뿐만 아니라	① ② ③	같은 힘의 정보들을 나열할 때 쓰는 접속어
따라서, 그래서, 그러므로, 이로 인해	→	앞과 뒤의 맥락이 원인과 결과일 때 쓰는 접속어
왜냐하면, 그 이유는	←	앞과 뒤의 맥락이 결과와 원인일 때 쓰는 접속어
예를 들어, 예컨대, 가령, 이를테면	ex	앞과 뒤의 맥락이 원리와 구체적인 사례일 때 쓰는 접속어 원리를 잘 설명하기 위해 쉬운 예시를 들 때 쓰는 접속어

③ 접속어로 보는 문장의 중요도 평정

(1) 뒤가 더 중요한 접속어

① 하지만, 그러나, 반면, 이와는 달리, 그렇지만

사계절 인식X

일반적으로 사시는 사계절로 인식된다. **그러나** 시간 인식의 기준에 따라 사시는 한 달의 네 때인 삭(朔), 현(弦), 사계절 인식X
망(望), 회(晦)를 의미할 수도 있고, 하루의 네 때인 아침, 낮, 저녁, 밤을 의미할 수도 있다.

① 초기의 사시가는 주로 사계절을 나열하는 ①단조로운 시상 전개를 보인다. **그러나** ②중기 이후의 사시가는 일년 사시 ②와 하루 사시의 복합적인 구성을 적용하는 경우도 많다. 즉 '[춘(아침 → 낮 → 저녁 → 밤)] → [하(아침 → 낮 → 저녁 → 밤)]…'과 같이 일 년 사시의 흐름 속에서 각 계절마다 하루의 사시를 모두 포함하거나, '[춘:아침] → [하:낮] → [추:저녁] → [동:밤]'과 같이 일 년사시와 하루 사시가 대응된 방식으로 시상이 전개되기도 하는 것이다.

② 그런데, 한편

동일한 화제

경기를 끝낸 운동선수들을 대상으로 약물 검사를 할 때, 소변 또는 혈액 샘플에서 금지된 성분이 어느 기준 이상 검출된 선수는 금지 약물을 복용한 것으로 간주하여 부정 선수로 판정하고 실격시킨다. **한편** 기준을 어떻게 정하느냐에 따라 실제 약물을 복용하지 않았는데 약물 복용 혐의가 있는 것으로 판정하는 경우도 있고, 반대로 약물을 복용 했는데도 약물 복용 혐의가 없는 것으로 판정하는 경우도 있다.　　↳ 새로운 내용 전환

동일한 화제

통화 정책은 민간의 신뢰가 없이는 성공을 거둘 수 없다. 중앙은행은 정책 신뢰성이 손상되지 않게 유의해야 한다. **그런데** 어떻게 통화 정책이 민간의 신뢰를 얻을 수 있는지에 대해서는 견해 차이가 있다. 경제학자 프리드먼은 중앙은행이 특정한 정책 목표나 운용 방식을 '준칙'으로 삼아 민간에 약속하고 어떤 상황에서도 이를 지키는 '준칙주의'를 주장한다.　　↳ 새로운 내용 전환

③ 따라서, 그래서, 그러므로, 이로 인해

> 정의가 무엇인가에 대한 관점은 사람마다 다양하다. **따라서** 정의의 실현은 정의를 정의(定義)하는 데서부터 출발
> 한다.
> 원인   결과

> 법원이 불법행위에 대해 비책임원칙을 적용하면 가해자에게 책임이 없어 피해자가 모든 손해를 부담하게 되므로,
> 비책임원칙하에서 가해자의 주의 수준은 매우 낮아진다. **그러므로** 이 원칙은 불법행위 억제에 효율적이라 할 수
> 없다.

④ 요컨대

> 마이클 폴라니에 따르면 우리의 일상적 지각뿐만 아니라 고도의 과학적 지식도 지적 활동의 주체가 몸담고 있는
> 구체적인 현실로부터 유리된 것이 아니다. 어떤 지각 활동이나 관찰, 추론 활동에도 우리의 몸이나 관찰 도구, 지적
> 수단이 항상 수반되고 그에 의해 이러한 활동이 암묵적으로 영향을 받기 때문이다. **요컨대** 모든 지식에는 암묵적
> 요소들과 이들을 하나로 통합하는 '인간적 행위'가 전제되어 있다는 것이다.
> 앞 내용을 요약

(2) **앞이 더 중요한 접속어**
  ① 예를 들어, 예컨대, 가령, 이를테면

> 상하 관계에 있는 단어들은 상의어와 하의어가 상대적으로 정해진다. **이를테면** ex) '구기'는 '스포츠'와의 관계 속에서
> 하의어가 되지만, '축구'와의 관계 속에서는 상의어가 된다.

> 일반적이지는 않지만 청약자의 의사표시의 특성이나 거래상의 관습 등에 의해 승낙의 의사표시를 통지하지 않아
> 도 성립하는 계약이 있다. **예를 들어** ex) 인터넷을 통해 호텔 객실을 예약하는 청약이 있은 후, 호텔 측이 청약자에게
> 별도의 의사표시를 통지하지 않고 객실을 마련하는 경우가 이에 해당한다.

② 왜냐하면, 그 이유는

> 확증 편향에 빠지지 않기 위해서는 먼저 반대 입장에서 생각해 보는 자세를 지녀야 한다. **왜냐하면** 고려의 대상이
> 되지 않았던 기존 증거들을 탐색하게 되어 판단의 착오를 줄일 수 있기 때문이다.

> 대다수 국가에서 소득세는 누진 세율 구조를 적용하고 있는데, **그 이유는** 경제적 능력에 따라 조세를 부담하는
> 것이 공평하다고 생각되기 때문이다.

(3) 앞, 뒤가 모두 중요한 접속어

① 즉, 이처럼, 다시 말해

> 유학자들은 인간을 능동적 주체자(主體者)로 파악했다. 이들은 인간 스스로가 도덕의 주체라는 사실을 깨달아 이를 삶 속에서 능동적이고 주체적으로 실천해야 한다고 말하고 있다. **즉** 유학자들은 바람직한 삶의 자세를 능동적이고 주체적인 도덕 인식과 실천이라고 본 것이다.

> 전체적으로 볼 때 예술 작품의 전경은 감각적이며 실재적인 '형상'의 층이지만, 후경은 비실재적 '이념'의 층이라고 할 수 있다. **이처럼** 예술 작품의 존재 방식은 전경과 후경의 이층적(二層的) 구조로 되어 있다.

> 언어가 의미를 갖는 것은 언어가 세계와 대응하기 때문이다. **다시 말해** 언어가 세계에 존재하는 것들을 가리키고 있기 때문이다.

> 우리는 영화를 볼 때, 등장인물이 차에 탄 뒤 바로 다음 장면에서 목적지에 내리는 것에 대해 의아해하지 않는다. 그가 복잡한 도심에서 주차할 곳을 우연히, 그리고 매우 쉽게 찾는 장면에 대해서도 이의를 제기하지 않는다. 실상 어느 관객도 그와 함께 차에서 무료한 시간을 보내고 싶어 하지는 않을 것이다. **이처럼** 우리는 이야기의 비본질적인 부분을 배제하는 영화상의 생략을 기꺼이 수용한다.

② 그리고, 또, 게다가, 심지어, 더구나, 뿐만 아니라

작가의 의도를 나열

> 현대인은 인간적 가치보다 물질적 가치를 중시하는 가치의 전도 현상으로 자기 상실과 관계의 단절을 겪고 있다. ① 작가는 관객들이 이러한 현대인의 삶을 비판적으로 인식할 수 있도록 도와주고 있는 것이다. **그리고** ② 진정한 삶의 가치에 대한 깨달음뿐 아니라 자기 상실과 관계의 단절 상태로부터 벗어나는 모습도 보여 줌으로써 관객들에게 그 필요성을 강조하고 있다.

조토 그림의 의의를 나열

> 조토는 평면적 작품 위주였던 당시에 입체감을 표현하여, 고대 로마 미술을 마지막으로 천여 년 동안 자취를 감추었던 ① 회화에서의 공간을 회복시켰다. **또한** ② 인물의 표현에서도 변화를 가져왔다. 표정 묘사와 시선 처리에서 생생한 인간적인 감정을 느낄 수 있게 한 것이다. **심지어** ③ 신격화되어 왔던 대상까지도 사실적이고 인간적으로 그려냈다.

Chapter

02 최빈출 제시문 구조 시각화 방법

2025 인사혁신처 샘플을 보면 앞으로의 제시문 구조가 **거의 '대조, 나열' 구조**로 나올 것임을 확인할 수 있습니다.

따라서 우리도 그에 따라 **'대조, 나열' 구조를 현명하게 읽어나가는 연습**을 해야 합니다.

아울러, 출제자들이 좋아하는 제시문 구조를 미리 학습함으로써

글을 아래에서 위로 바라보는 것이 아니라 위에서 아래로 내려다 볼 수 있도록 해야 합니다.

독해신공! 이론

1 _____ 구조

일정한 기준에 따라 두 대상의 차이점을 설명한다.

> 특정 상품에 대한 어떤 사람의 수요가 다른 사람들의 수요에 의해 영향을 받는 것을 네트워크효과(network effect)라고 말한다. 이러한 네트워크효과에는 유행효과와 속물효과가 있다.
>
> 어느 한 상품이 유행하게 되면 다른 사람들도 그 상품을 구입하려는 양상이 나타날 수 있다. 이렇게 소비를 결정하는 과정에서 다른 사람들이 물건을 사는 것에 영향을 받아 그 물건을 구입하게 되는 것을 유행효과라고 한다. 이와는 달리, 어떤 상품을 소비할 때 소수만이 소유하기를 바라는 심리가 깔려 있는 경우, 그 상품을 구입하는 사람들이 많아지면 그 상품을 구입하지 않으려는 사람들도 생기게 된다. 이렇게 소비를 결정하는 과정에서 다른 사람들이 물건을 사는 것에 영향을 받아 그 물건을 구입하지 않게 되는 것을 속물효과라 한다. 이러한 속물효과는 상품의 희소성이 약화될 때 나타나기 때문에, 판매자들은 높은 희소성을 유지하기 위해 가격 할인이나 적극적인 판촉 활동을 자제하게 된다.

> 시장 설계의 방법은 양방향 매칭(two-sided matching)과 단방향 매칭(one-sided matching)이 있다. 양방향 매칭은 두 집합의 경제 주체들을 서로에 대해 갖고 있는 선호도를 최대한 배려하여 쌍으로 맺어주는 것이다. 그리고 단방향 매칭은 경제 주체들이 지니고 있는 재화를 재분배하여 더 선호하는 재화를 선택할 수 있는 방법을 찾는 것이다. 결국 양방향 매칭은 경제 주체들 간의 매칭을, 단방향 매칭은 경제 주체에게 재화를 배분하는 매칭을 찾는 것이라고 할 수 있다.

2 _____ 구조

둘 이상의 대상을 쭉 늘어놓는 구조로, 언급된 순서대로 대상들의 특성을 설명한다.

> 소설과 현실의 관계를 온당하게 살피기 위해서는 세계의 현실성, 문제의 현실성, 해결의 현실성을 구별해야 한다. 우리가 살고 있는 이 입체적인 시공간에서 특히 의미 있는 한 부분을 도려내어 서사의 무대로 삼을 경우 세계의 현실성이 확보된다. 그 세계 안의 인간이 자신을 둘러싼 세계와 고투하면서 당대의 공론장에서 기꺼이 논의해볼 만한 의제를 산출해낼 때 문제의 현실성이 확보된다. 한 사회가 완강하게 구조화하고 있는 '가능한 것'과 '불가능한 것'의 좌표를 흔들면서 특정한 선택지를 제출할 때 해결의 현실성이 확보된다.

3 _____ 구조

의문을 제기하고 그에 대한 답변을 설명한다.　　　　　　　　　　문제 제기　　　　　　　　　답변

> 그렇다면 조토는 어떻게 당대 다른 그림보다 입체적이고 사실감 있는 회화를 이루어냈을까? 그 기반에는 사실적인 관찰이 있었다. 일례로 이탈리아의 아레나 성당에 그려진 「동방박사의 경배」에 나타난 별을 들 수 있다. 그는 핼리 혜성의 모습을 관찰했고, 이를 바탕으로 이 그림을 그린 것이다. 이렇듯 그는 사물과 인간에 대해 관찰한 것을 그림에 반영해 내었다.

4 _____, _____ 구조

일반적인 원리와 이 원리를 쉽게 이해할 수 있게 해주는 예시를 설명한다.

> '본질이란 무엇인가'라는 질문은 서양 철학의 핵심적 질문이다. 탈레스가 세계의 본질을 '물'이라고 이야기했을 때부터 서양 철학은 거의 모든 것들에 대해 불변하는 측면과 그렇지 않은 측면을 탐구하기 시작했다. 본질은 어떤 사물의 불변하는 측면 혹은 그 사물을 다른 사물과 구별시켜 주는 특성을 의미하는데, 본질주의자는 이러한 사물 본연의 핵심적인 측면을 중시한다. 예를 들어 책상의 본질적 기능이 책을 놓고 보는 것이라면, 책상에서 밥을 먹는 것은 비본질적 행위이고 이러한 비본질적 행위는 잘못된 것이라고 본다.

5 _____ 에 따른 구조

실험의 과정과 그 결론을 설명한다. 이 경우에는 결론의 의미를 잘 파악해야 한다.

> 그들은 불꽃 반응에서 나오는 빛을 프리즘에 통과시켜 띠 모양으로 분산시킨 후 망원경을 통해 이를 들여다보는 방식으로 실험을 진행하였다. 빛이 띠 모양을 분산되는 것은 빛이 파장이 짧을수록 굴절하는 각이 커지기 때문이다. 이 방법을 통해 그들은 알칼리 금속과 알칼리 토금속의 스펙트럼을 체계적으로 조사하여 그것들을 함유한 화합물들을 찾아내었다. 이 과정에서 그들은 측정한 금속의 스펙트럼에서 띄엄띄엄 떨어진 밝은 선의 위치는 그 금속이 홑원소로 존재하든 다른 원소와 결합하여 존재하든 불꽃의 온도에 상관없이 항상 같다는 결론에 도달하였다. 이로써 화학 반응을 이용하는 전통적인 분석 화학의 방법에 의존하지 않고도 정확하게 화합물의 원소를 판별해 내는 분광 분석법이 탄생하였다.

6 _____ 에 따른 구조

시간, 시대의 흐름에 따라 변화되는 양상을 설명한다.

> 13세기 유럽 미술은 비잔틴 미술의 영향 아래 있었다. 비잔틴 미술은 종교화의 본보기를 제시하였다. 당대의 화가는 성서의 이야기를 효과적으로 전달하기 위해 관습화된 종교적 이미지들을 배치했다. 인물은 좌우대칭이 분명해 고정된 듯한 느낌을 주었고, 아무 감정도 찾아볼 수 없는 표정과 작위적인 시선을 가진 모습이었다.
> 그러나 13세기 말 이탈리아에서는 이와 구별되는 회화가 나타났다. 새로운 회화의 선구자는 조토 디 본도네였다. 조토는 평면적 작품 위주였던 당시에 입체감을 표현하여, 고대 로마 미술을 마지막으로 천여 년 동안 자취를 감추었던 회화에서의 공간을 회복시켰다. 또한 인물의 표현에서도 변화를 가져왔다. 표정 묘사와 시선 처리에서 생생한 인간적인 감정을 느낄 수 있게 한 것이다. 심지어 신격화되어 왔던 대상까지도 사실적이고 인간적으로 그려냈다.

Answer

1 대조　**2** 나열　**3** 문답　**4** 원리, 구체적 예시　**5** 실험 과정-결론　**6** 통시적 흐름

Chapter

03 긴 문장 끊어읽기 연습

2025년에는 추론력, 논리력, 사고력을 측정하는 경향이 짙기 때문에
예전처럼 선지와 제시문의 문자를 단순 비교, 대조하면서 읽는 방법으로는 문제를 풀 수 없습니다.

출제자가 측정하고 싶은 것은
여러분들의 **'문해력, 이해력'**이기 때문에 여러분은 제시문의 내용을 이해하셔야 합니다.
이해, 예측, 정리가 함께 이루어지기 위해서는 우선 **긴 문장을 간결하게 이해하는 힘**이 필요합니다.

그래서! 어떻게 긴 문장을 읽어나가야 하는지
혜선 쌤만의 야매 꼼수 꿀팁을 알려 드리겠습니다. 너무 놀라지 마세요!

01 긴 문장을 읽는 방법

1. 부속 성분(관형어, 부사어)을 제거하고 필수 성분만 읽기

긴 문장이더라도 의미 파악이 되는 경우라면 문제가 없지만
문장이 지나치게 길어 의미가 파악이 되지 않는 경우에는
부속 성분(관형어, 부사어)을 제거하고 먼저 필수 성분을 읽는다.
필수 성분으로 중요한 내용을 파악한 이후에 부속 성분의 내용을 다음에 이해한다.

관형어의 표지	구체적 예	부사어의 표지	구체적 예
관형사형 어미	'-는, ㄴ, ㄹ, 던'	부사형 어미	'-게, 아서, 도록'
관형격 조사	'의'	부사격 조사	'에, 에서, 에게' '로, 로서, 로써' 등

이성적인 이해를 중시했던 계몽주의 학자들은 선입견을 올바른 이해를 가로막는 잘못된 생각이라 보았다.

염분차 발전이란 해수와 담수의 염분 농도 차이를 통해 전기 에너지를 생산하는 기술로서, 대표적인 방법으로 역전기투석 발전이 있다. 이 방식은 전기를 이용해 염분을 제거하여 해수를 담수로 만드는 전기투석의 원리를 역으로 활용한 것이라고 할 수 있다.

방송 프로그램의 앞과 뒤에 붙어 방송되는 직접 광고와 달리 PPL(product placement)이라고도 하는 간접 광고는 프로그램 내에 상품을 배치해 광고효과를 거두려 하는 광고 형태이다.

요컨대 드로이젠은 랑케의 객관적 역사인식과 달리 역사인식의 주관성을 주장하면서도, 선험적으로 주어진 인륜적 세계가 역사가의 역사인식과 해석을 결정한다고 보았다.

01 긴 문장을 읽는 방법

1. 부속 성분(관형어, 부사어)을 제거하고 필수 성분만 읽기

긴 문장이더라도 의미 파악이 되는 경우라면 문제가 없지만
문장이 지나치게 길어 의미가 파악이 되지 않는 경우에는
부속 성분(관형어, 부사어)을 제거하고 먼저 필수 성분을 읽는다.
필수 성분으로 중요한 내용을 파악한 이후에 부속 성분의 내용을 다음에 이해한다.

관형어의 표지	구체적 예	부사어의 표지	구체적 예
관형사형 어미	'-는, ㄴ, ㄹ, 던'	부사형 어미	'-게, 아서, 도록'
관형격 조사	'의'	부사격 조사	'에, 에서, 에게' '로, 로서, 로써' 등

(이성적인 이해를 중시했던)계몽주의 학자들은 선입견을(올바른 이해를 가로막는)잘못된 생각이라 보았다.

염분차 발전이란(해수와 담수의 염분 농도 차이를 통해)전기 에너지를 생산하는 기술로서, 대표적인 방법으로 역전기투석 발전이 있다. 이 방식은(전기를 이용해 염분을 제거하여)해수를 담수로 만드는 전기투석의 원리를 역으로 활용한 것이라고 할 수 있다.

(방송 프로그램의 앞과 뒤에 붙어 방송되는)직접 광고와 달리(PPL(product placement)이라고도 하는)간접 광고는 프로그램 내에 상품을 배치해 광고효과를 거두려 하는 광고 형태이다.

① ②
요컨대 드로이젠은(랑케의 객관적 역사인식과 달리)역사인식의 주관성을 주장하면서도, (선험적으로 주어진)인륜적 세계가 역사가의 역사인식과 해석을 결정한다고 보았다.

이러한 연행 방식은 줄광대가 올라서 있는 줄이라는 수평적 공간에서부터 관중이 위치한 공간으로까지 극적 공간을 수직적으로 확대시킨다는 측면에서 입체적이다.

그는 불꽃 반응 실험에서 관찰한 나트륨 스펙트럼의 두 개의 인접한 밝은 선과 1810년대 프라운호퍼가 프리즘을 이용하여 태양빛의 스펙트럼에서 발견한 검은 선들을 비교하는 과정에서, 태양빛의 스펙트럼에 검은 선이 나타나는 원인을 설명할 수 있었다.

공간은 사람들의 신념이나 의식이 담겨 물리적 형태로 구현된 것이다. 기능주의 건축이 효율 지향의 근대적 가치관을 드러낸다면, 이를 탈피하려는 움직임으로서의 건축 경향은 조화와 예술의 시각에서 현대 문명을 이해하고자 하는 흐름을 반영하는 것이라 할 수 있다.

할리우드에서는 일찍이 미국의 대량 생산 기술을 상징하는 포드 시스템과 흡사하게 제작 인력들의 능률을 높일 수 있는 표준화·분업화한 방식으로 영화를 제작했다. 이에 따라 재정과 행정의 총괄자인 제작자가 감독의 작업 과정에도 관여하게 되었고, 감독은 제작자의 생각을 화면에 구현하는 역할에 머물렀다.

진화고고학과는 달리 유물의 의미를 해석할 때 기능적 요인보다는 개개의 유물이 사용된 맥락을 찾는 것이 더 중요하다고 보고, 그 유물을 사용한 사람의 사회적 위치와 기호 변화 등 사회문화적 요인으로 유물의 의미를 설명하려는 관점도 있다.

이러한 연행 방식은(줄광대가 올라서 있는 줄이라는)수평적 공간에서부터(관중이 위치한 공간으로까지)극적 공간을 수직적으로 확대시킨다는 측면에서 입체적이다.

그는(불꽃 반응 실험에서 관찰한 나트륨 스펙트럼의 두 개의 인접한)밝은 선과(1810년대 프라운호퍼가 프리즘을 이용하여 태양빛의 스펙트럼에서 발견한)검은 선들을 비교하는 과정에서, 태양빛의 스펙트럼에 검은 선이 나타나는 원인을 설명할 수 있었다.

공간은(사람들의 신념이나 의식이 담겨)물리적 형태로 구현된 것이다. 기능주의 건축이(효율 지향의)근대적 가치관을 드러낸다면, 이를 탈피하려는 움직임으로서의 건축 경향은(조화와 예술의 시각에서)현대 문명을 이해하고자 하는 흐름을 반영하는 것이라 할 수 있다.

할리우드에서는(일찍이 미국의 대량 생산 기술을 상징하는 포드 시스템과 흡사하게)제작 인력들의 능률을 높일 수 있는 표준화·분업화한 방식으로 영화를 제작했다. 이에 따라(재정과 행정의 총괄자인)제작자가 감독의 작업 과정에도 관여하게 되었고, 감독은 제작자의 생각을 화면에 구현하는 역할에 머물렀다.

(진화고고학과는 달리 유물의 의미를 해석할 때 기능적 요인보다는)개개의 유물이 사용된 맥락을 찾는 것이 더 중요하다고 보고, (그 유물을 사용한 사람의 사회적 위치와 기호 변화 등)사회문화적 요인으로 유물의 의미를 설명하려는 관점도 있다.

2. A가 아니라 B, A보다 B

'A가 아니라 B'의 맥락을 가지는 문장은 그 문단 내에서 중심 내용이 된다.
문장이 너무 긴 경우에는 'B'를 먼저 읽고 이해한 후에 'A'를 읽는다.

토인비는 모방의 유무가 중요한 것이 아니라 모방의 작용 방향이 중요하다고 설명한다.

그가 제시하는 선입견이란 개인적 차원에서 임의로 만들거나 제거할 수 있는 편협한 사고가 아니라, 문화나 철학, 역사와 같이 과거로부터 전승되어 온 전통에 의해 형성된 사고를 뜻한다.

기능과 효율 중심의 근대적 가치관으로부터 벗어나고자 했던 일군의 건축가들은 공간을 특정한 목적을 위한 수단이 아닌 다양한 가능성을 지닌 가변적 대상으로 보았다.

인간은 태초부터 주어진 자연의 세계보다는 인간의 의지와 행위에 의해 만들어진 인류적 세계에 살고 있다.

작가주의는 상투적인 영화가 아닌 감독 개인의 영화적 세계와 독창적인 스타일을 일관되게 투영하는 작품들을 옹호한다.

특정한 이론에 집착하는 것보다는 새로운 자료와 방법을 적극적으로 이용하여 다양한 해석을 하고자 하는 열린 자세가 필요하다.

줄광대는 줄이라는 한정된 공간에서 기예를 보여줄 뿐만 아니라 줄 아래 지상의 어릿광대나 악공, 관중과도 재담을 주고받는다.

이러한 광고들은 사회 전체에도 피해를 끼치기 때문에, 소비자 규제는 발생한 피해에 대응하는 것뿐만 아니라 피해가 예상되는 그릇된 정보의 유통 자체를 문제 삼기도 한다.

2. A가 아니라 B, A보다 B

'A가 아니라 B'의 맥락을 가지는 문장은 그 문단 내에서 중심 내용이 된다. ──→ 비교 혼동의 오류 조심하기

문장이 너무 긴 경우에는 'B'를 먼저 읽고 이해한 후에 'A'를 읽는다.

토인비는 (모방의 유무가 중요한 것이 아니라) 모방의 작용 방향이 중요하다고 설명한다.

그가 제시하는 선입견이란 (개인적 차원에서 임의로 만들거나 제거할 수 있는 편협한 사고가 아니라,) 문화나 철학, 역사와 같이

과거로부터 전승되어 온 전통에 의해 형성된 사고를 뜻한다.

대조

기능과 효율 중심의 근대적 가치관으로부터 벗어나고자 했던 일군의 건축가들은 공간을 특정한 목적을 위한 수단이 아닌 다양

대조

한 가능성을 지닌 가변적 대상으로 보았다.

→ 기능, 효율 중심의 목적

대조

인간은 (태초부터 주어진 자연의 세계보다는) 인간의 의지와 행위에 의해 만들어진 인륜적 세계에 살고 있다.

작가주의는 ("상투적인" 영화가 아닌) 감독 개인의 영화적 세계와 "독창적인" 스타일을 일관되게 투영하는 작품들을 옹호한다.

대조

특정한 이론에 집착하는 것보다는 새로운 자료와 방법을 적극적으로 이용하여 다양한 해석을 하고자 하는 열린 자세가 필요하다.

대조

줄광대는 (줄이라는 한정된 공간에서) ① 기예를 보여줄 뿐만 아니라 (줄 아래 지상의) ② 어릿광대나 악공, 관중과도 재담을 주고받는다.

이러한 광고들은 사회 전체에도 피해를 끼치기 때문에 / 소비자 규제는 발생한 피해에 대응하는 것뿐만 아니라 ① 피해가 예상되는

② 그릇된 정보의 유통 자체를 문제 삼기도 한다.

박혜선 국어
독해 신유형 공부

Chapter

01 반드시 참인 명제

'PART 3. 논리 추론'은 2025년에 보이는 가장 큰 변화 영역이라고 볼 수 있습니다.

기존에 논리 추론 파트는 다른 민간 시험에 나오는 영역이었으나,

2025에 민간 시험과의 호환성을 높이는 인사혁신처의 의도에 따라 새롭게 추가되었습니다.

20문제 중 3문제나 나오는 최고의 0순위 최빈출 영역이므로 꼭 정복해야 합니다.

더불어 이 파트는 따로 공부하지 않으면 득점하기 어려운 파트이기도 합니다.

이 파트는 '반드시 참인 명제, 빈칸에 들어갈 결론, 숨겨진 전제 찾기'의 총 3 유형으로 구성되니

각 유형의 풀이법을 차근히 익히도록 합시다~^^

독 해 신 공 ! 이 론

1 명제란?

참, 거짓을 판별할 수 있는 문장 (거짓도 명제이다.)

2 꼭 알아야 하는 논리적인 기호

기호화	명칭	뜻
p	긍정	p이다(All)
~p	부정	p가 아니다(not p)
~(~p)	이중 부정	p이다.
pn	특칭	어떤(some)
p→q	전건 – 충분조건(좁) 후건 – 필요조건(넓)	p이면 반드시 q이다.
p∧q	연언(連言)	p 그리고 q
p∨q	선언(選言)	p 혹은 q

3 역, 이, 대우 관계

'p→q'가 참임을 가정할 때에		
	기호화	참의 여부
역의 관계	q → p	반드시 참이라고 보기는 어렵다.
이의 관계	~p → ~q	반드시 참이라고 보기는 어렵다.
대우 관계	~q → ~p	반드시 참이다.

4 필요 조건과 충분 조건, 필요 충분 조건

기호화	해석
A→B	① A는 충분한 조건이다. ② B는 필요한 조건이다. B A
C←D	① C는 필요한 조건이다. ② D는 충분한 조건이다. C D
E ≡ F	① E와 F는 필요 충분 조건이다. E = F

亦功신공 빨리 푸는 전략!

○ **1단계**

명제를
논리적 기호화하기
→ 대우 관계로 만들기

○ **2단계**

매개항을 찾기

○ **3단계**

선지를 보고
매개항 연결하기

01 다음 진술이 모두 참일 때 반드시 참인 것은? 2025 인혁처 샘플

- 오 주무관이 회의에 참석하면, 박 주무관도 참석한다.
- 박 주무관이 회의에 참석하면, 홍 주무관도 참석한다.
- 홍 주무관이 회의에 참석하지 않으면, 공 주무관도 참석하지 않는다.

① 공 주무관이 회의에 참석하면, 박 주무관도 참석한다.
② 오 주무관이 회의에 참석하면, 홍 주무관은 참석하지 않는다.
③ 박 주무관이 회의에 참석하지 않으면, 공 주무관은 참석한다.
④ 홍 주무관이 회의에 참석하지 않으면, 오 주무관도 참석하지 않는다.

02 다음 진술이 모두 참일 때, 반드시 참인 것은?

- 3월에 A는 다른 부서로 발령받는다.
- B가 다른 부서로 발령받으면 A는 원래 부서에 남는다.
- C가 다른 부서로 발령받지 않으면 B가 다른 부서로 발령받는다.

① A가 다른 부서로 발령받으면 3월이다.
② C가 다른 부서로 발령받으면 B는 원래 부서에 남는다.
③ 3월에 B는 원래 부서에 남는다.
④ 3월에 C는 다른 부서로 발령받지 않는다.

01 다음 진술이 모두 참일 때 반드시 참인 것은? 2025 인혁처 샘플

> • 오 주무관이 회의에 참석하(면) 박 주무관도 참석한다.
>
> • 박 주무관이 회의에 참석하(면) 홍 주무관도 참석한다.
>
> • 홍 주무관이 회의에 참석하지 않으(면) 공 주무관도 참석하지 않는다.

조건명제구나!

(알 수 없음)
① 공 주무관이 회의에 참석하면, 박 주무관도 참석한다.

한다.
② 오 주무관이 회의에 참석하면, 홍 주무관은 참석하지 않는다.

(알 수 없음)
③ 박 주무관이 회의에 참석하지 않으면, 공 주무관은 참석한다.

④ 홍 주무관이 회의에 참석하지 않으면, 오 주무관도 참석하지 않는다.

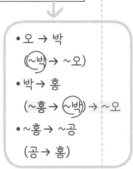

> • 오 → 박
> (~박 → ~오)
> • 박 → 홍
> (~홍 → ~박) → ~오
> • ~홍 → ~공
> (공 → 홍)

02 다음 진술이 모두 참일 때, 반드시 참인 것은?

> • 3월에 A는 다른 부서로 발령받는다.
>
> • B가 다른 부서로 발령받으(면)A는 원래 부서에 남는다.
> (= ~A 다른 부서)
> • C가 다른 부서로 발령받지 않으(면)B가 다른 부서로 발령받는다.

조건명제구나!

(알 수 없음)
① A가 다른 부서로 발령받으면 3월이다.

(알 수 없음)
② C가 다른 부서로 발령받으면 B는 원래 부서에 남는다.

③ 3월에 B는 원래 부서에 남는다.

는다.
④ 3월에 C는 다른 부서로 발령받지 않는다.

> • 3월 → A 다른 부서
> (~A 다른 부서 → ~3월)
> • B 다른 부서 → ~A 다른 부서 → ~3월
> (A 다른 부서 → ~B 다른 부서)
> • ~C 다른 부서 → B 다른 부서
> (~B 다른 부서 → C 다른 부서)

결국 'B 다른 부서 → ~3월'은 참이다.
따라서 '3월 → ~B 다른 부서'도 참이 된다
(=B는 원래 부서에 남는다)

03 다음 글에서 추론할 수 있는 것만을 〈보기〉에서 모두 고르면? 2022 지방직 9급

컴퓨터에는 자유의지가 있을까? 나아가 컴퓨터에 도덕적 의무를 귀속시킬 수 있을까? 컴퓨터는 다양한 전기회로로 구성되어 있고, 물리법칙, 프로그래밍 방식, 하드웨어의 속성 등에 따라 필연적으로 특정한 초기 상태로부터 다음 상태로 넘어간다. 마찬가지로 두 번째 상태에서 세 번째 상태로 이동하고, 이러한 과정이 계속해서 이어진다. 즉 컴퓨터는 결정론적 법칙의 지배를 받는 시스템이라는 것이다. 그럼 이러한 시스템에는 자유의지가 있을까?

결정론적 법칙의 지배를 받는 시스템의 중요한 특징은 주어진 조건에 따라 결과가 하나로 고정된다는 점이다. 다시 말해, 이러한 시스템에는 항상 하나의 선택지만 있을 뿐이다. 그런 뜻에서 결정론적 지배를 받는다는 것과 자유의지를 가진다는 것은 양립할 수 없음이 분명하다. 어떤 선택을 할 때 그것과 다른 선택을 할 수도 있다는 것은 자유의지의 필요조건이기 때문이다. 결국 결정론적 법칙의 지배를 받는 시스템은 자유의지를 가지지 않는다. 또한 자유의지를 가지지 않는 시스템에 도덕적 의무를 귀속시킬 수 없음은 당연하다.

─〔보기〕─

ㄱ. 컴퓨터는 자유의지를 가지지 않으며 도덕적 의무의 귀속 대상일 수도 없다.
ㄴ. 도덕적 의무를 귀속시킬 수 있는 시스템은 결정론적 법칙의 지배를 받지 않는다.
ㄷ. 어떤 선택을 할 때 그것과 다른 선택을 할 수 없는 시스템은 자유의지를 가지지 않는다.

① ㄱ, ㄴ

② ㄱ, ㄷ

③ ㄴ, ㄷ

④ ㄱ, ㄴ, ㄷ

03 다음 글에서 추론할 수 있는 것만을 〈보기〉에서 모두 고르면? 2022 지방직 9급

컴퓨터에는 자유의지가 있을까? 나아가 컴퓨터에 도덕적 의무를 귀속시킬 수 있을까? 컴퓨터는 다양한 전기회로로 구성되어 있고, 물리법칙, 프로그래밍 방식, 하드웨어의 속성 등에 따라 필연적으로 특정한 초기 상태로부터 다음 상태로 넘어간다. 마찬가지로 두 번째 상태에서 세 번째 상태로 이동하고, 이러한 과정이 계속해서 이어진다. 즉 컴퓨터는 결정론적 법칙의 지배를 받는 시스템이라는 것이다. 그럼 이러한 시스템에는 자유의지가 있을까?

결정론적 법칙의 지배를 받는 시스템의 중요한 특징은 주어진 조건에 따라 결과가 하나로 고정된다는 점이다. 다시 말해, 이러한 시스템에는 항상 하나의 선택지만 있을 뿐이다. 그런 뜻에서 결정론적 지배를 받는다는 것과 자유의지를 가진다는 것은 양립할 수 없음이 분명하다. 어떤 선택을 할 때 그것과 다른 선택을 할 수도 있다는 것은 자유의지의 필요조건이기 때문이다. 결국 결정론적 법칙의 지배를 받는 시스템은 자유의지를 가지지 않는다. 또한 자유의지를 가지지 않는 시스템에 도덕적 의무를 귀속시킬 수 없음은 당연하다.

ⓞ
→ 자유 의지 → 다른 선택
(~다른 선택 → ~자유 의지)

─〔보기〕─
ㄱ. 컴퓨터는 자유의지를 가지지 않으며 도덕적 의무의 귀속 대상일 수도 없다.

ㄴ. 도덕적 의무를 귀속시킬 수 있는 시스템은 결정론적 법칙의 지배를 받지 않는다.

ㄷ. 어떤 선택을 할 때 그것과 다른 선택을 할 수 없는 시스템은 자유의지를 가지지 않는다.

→ '결정론적 시스템'으로 치환 가능! → ~자유의지

① ㄱ, ㄴ   ② ㄱ, ㄷ

③ ㄴ, ㄷ   ④ ㄱ, ㄴ, ㄷ

(컴퓨터)
① 결정론 → ~자유의지 → ~도덕적 의무
(자유의지 → ~결정론)
② ~자유의지 → ~도덕적 의무
(도덕적 의무 → 자유의지) → ~결정론

04 (가)와 (나)에 들어갈 말로 가장 적절한 것은? 2022 지방직 7급

> A는 다음과 같은 실험을 진행했다. 먼저, 검은색 옷과 흰색 옷을 입은 6명이 두 개의 농구공을 가지고 패스를 주고받는 동안 고릴라 복장의 사람을 지나가게 하고 그 장면을 동영상으로 촬영했다. 그리고 실험 참가자들에게 이 동영상을 보여 주면서 흰색 옷을 입은 사람들이 몇 번 패스를 주고받았는지 세어 달라고 요청했다. 이에 대해 참가자들은 패스 횟수에 대해서는 각자의 답을 말했는데, 동영상 중간 중간에 출현한 고릴라 복장의 사람에 대해서는 하나같이 보지 못했다고 답했다. 참가자들이 패스 횟수를 세는 데 집중하느라 1분이 채 안 되는 동영상 가운데 9초에 걸쳐 등장하는 고릴라 복장의 사람을 인지하지 못한 것이다. A는 이 실험을 통해 다음의 결론을 도출했다. ___(가)___.
>
> 이 실험 결과를 우리의 일상에서도 확인해 볼 수 있다. 오토바이 운전자의 안전을 위해 눈에 잘 띄는 밝은색 옷을 입도록 권하는데, 밝은색 옷의 오토바이 운전자는 시각적으로 더 잘 보이고, 덕분에 더 쉽게 알아볼 수 있기 때문이다. 그렇다고 해도 모든 자동차 운전자가 밝은색 옷을 입은 오토바이 운전자를 다 알아보는 것은 아니다. 바라보는 행위는 인지의 ___(나)___ 없기 때문이다.

① (가): 인간의 인지는 시각과 밀접하게 관련되어 있다
   (나): 충분조건일 수는 있어도 필요조건일 수는

② (가): 인간의 인지는 시각과 밀접하게 관련되어 있다
   (나): 필요조건일 수는 있어도 충분조건일 수는

③ (가): 인간은 중요하다고 생각하는 것 위주로 주의를 기울인다
   (나): 충분조건일 수는 있어도 필요조건일 수는

④ (가): 인간은 중요하다고 생각하는 것 위주로 주의를 기울인다
   (나): 필요조건일 수는 있어도 충분조건일 수는

04 (가)와 (나)에 들어갈 말로 가장 적절한 것은? 2022 지방직 7급

A는 다음과 같은 실험을 진행했다. 먼저, 검은색 옷과 흰색 옷을 입은 6명이 두 개의 농구공을 가지고 패스를 주고받는 동안 고릴라 복장의 사람을 지나가게 하고 그 장면을 동영상으로 촬영했다. 그리고 실험 참가자들에게 이 동영상을 보여 주면서 <u>흰색 옷을 입은 사람들이 몇 번 패스를 주고받았는지 세어 달라</u>고 요청했다. 〔*중요하다고 생각하는 것*〕 이에 대해 참가자들은 패스 횟수에 대해서는 각자의 답을 말했는데, 동영상 중간 중간에 출현한 고릴라 복장의 사람에 대해서는 하나같이 보지 못했다고 답했다. <u>참가자들이 패스 횟수를 세는 데 집중하느라</u> 1분이 채 〔*중요하다고 생각하는 것*〕 안 되는 동영상 가운데 9초에 걸쳐 등장하는 고릴라 복장의 사람을 인지하지 못한 것이다. A는 이 실험을 통해 다음의 결론을 도출했다. [(가)].

〔*스스로 예측 = 중요하다고 생각하는 것에만 집중*〕

이 실험 결과를 우리의 일상에서도 확인해 볼 수 있다. 오토바이 운전자의 안전을 위해 눈에 잘 띄는 밝은색 옷을 입도록 권하는데, 밝은색 옷의 오토바이 운전자는 시각적으로 더 잘 보이고, 덕분에 더 쉽게 알아볼 수 있기 때문이다. <u>그렇다고 해도 모든 자동차 운전자가 밝은색 옷을 입은 오토바이 운전자를 다 알아보는 것은 아니다.</u> 바라보는 행위는 인지의 [(나)] 없기 때문이다.

① (가): 인간의 인지는 ~~시각~~과 밀접하게 관련되어 있다

　(나): 충분조건일 수는 있어도 필요조건일 수는

② (가): 인간의 인지는 ~~시각~~과 밀접하게 관련되어 있다

　(나): 필요조건일 수는 있어도 충분조건일 수는

③ (가): 인간은 중요하다고 생각하는 것 위주로 주의를 기울인다

　(나): 충분조건일 수는 있어도 필요조건일 수는

④ (가): 인간은 중요하다고 생각하는 것 위주로 주의를 기울인다

　(나): 필요조건일 수는 있어도 충분조건일 수는

〔*즉, 바라본다고 해서 인지하는 것은 X*〕

〔*바라봄 —(X)→ 인지 (충분조건)*〕

〔*∴바라봄 ←(O)— 인지 (필요조건)*〕

DAY

04 亦(역)功(공) 반드시 참인 명제 문제 훈련

01 다음 진술이 모두 참일 때, 반드시 참인 것은?

> • A가 지하철로 출퇴근하면 B는 자가용으로 출퇴근한다.
> • B가 자가용으로 출퇴근하면 C는 B와 같이 출퇴근한다.
> • D가 버스로 출퇴근하면 C는 B와 같이 출퇴근하지 않는다.

① B와 C가 같이 출퇴근하면 A는 지하철로 출퇴근한다.
② B가 자가용으로 출퇴근하면 D는 버스로 출퇴근하지 않는다.
③ D가 버스로 출퇴근하면 A는 지하철로 출퇴근한다.
④ B가 자가용으로 출퇴근하지 않는다면 B와 C가 같이 출퇴근하지 않는다.

> 1. 정답인 이유
> _____
> 2. 틀린 답인 이유(나의 약점)
> _____

02 다음 진술이 모두 참일 때, 반드시 참인 것은?

> • 음악을 좋아하는 사람은 피아노를 연주할 수 있다.
> • 손가락이 길지 않은 사람은 바이올린을 연주할 수 있다.
> • 피아노를 연주할 수 있는 사람은 바이올린을 연주하지 못한다.

① 바이올린을 연주할 수 있는 사람은 음악을 좋아하지 않는 사람이다.
② 피아노를 연주할 수 있는 사람은 손가락이 길지 않은 사람이다.
③ 손가락이 긴 사람은 음악을 좋아하는 사람이다.
④ 음악을 좋아하는 사람은 바이올린을 연주할 수 있다.

> 1. 정답인 이유
> _____
> 2. 틀린 답인 이유(나의 약점)
> _____

Chapter 02 빈칸에 들어갈 결론

'PART 3. 논리 추론'은 2025년에 보이는 가장 큰 변화 영역이라고 볼 수 있습니다.
기존에 논리 추론 파트는 다른 민간 시험에 나오는 영역이었으나,
2025에 민간 시험과의 호환성을 높이는 인혁처의 의도에 따라 새롭게 추가되었습니다.

20문제 중 3문제나 나오는 최고의 0순위 최빈출 영역이므로 꼭 정복해야 합니다.
따라서 이 파트는 따로 공부하지 않으면 득점하기 어려운 파트이기도 합니다.

이 파트는 '반드시 참인 명제, 빈칸에 들어갈 결론, 숨겨진 전제 찾기'의 3 챕터로 구성되니
각 유형의 풀이법을 차근히 익히도록 합시다~^^

독해신공! 이론 논리 추론을 위해 알아야 하는 개념

1 정언 명제란?

S(주어항) + P(서술어항)   총 4가지의 문장으로 구성된다.

2 정언 문장의 종류 4가지(함께 기호화 해보자구!) 는: 특칭 / 도: 전칭

		긍정(이다)		부정(아니다)
전칭 (모든)	읽는 방법	모든 S는 P이다	읽는 방법	모든 S는 P가 아니다 (=모든 P는 S가 아니다. =어떤 S도 P가 아니다. =어떤 P도 S가 아니다.)
	기호화	$S \rightarrow P$	기호화	$S \rightarrow \sim P$
	시각화		시각화	
특칭 (어떤)	읽는 방법	어떤 S는 P이다. (=어떤 P는 S이다.)	읽는 방법	어떤 S는 P가 아니다.
	기호화	$Sm \wedge P$	기호화	$Sm \wedge \sim P$
	시각화		시각화	

3 진리표

1. 연언의 진리표(P ∧ Q)

: P 그리고(=그러나) Q

P와 Q 모두가 참이어야지만 P ∧ Q는 참이 된다.

하나라도 거짓이라면 P ∧ Q는 거짓이 된다.

P	Q	P ∧ Q
참	참	참
참	거짓	거짓
거짓	참	거짓
거짓	거짓	거짓

2. 선언의 진리표(P ∨ Q)

: P 또는 Q

P와 Q 둘 중 하나가 참이라면 P ∨ Q는 참이 된다.

P와 Q 둘 다 거짓이면 P ∨ Q는 거짓이 된다.

(cf) 배타적 선언: 둘 중 하나만 참이어야 하는 경우에는 ⓥ

P	Q	P ∨ Q
참	참	참
참	거짓	참
거짓	참	참
거짓	거짓	거짓

3. 조건 명제의 진리표(P → Q)

: P이면 반드시 Q이다.

P가 참이고 Q가 거짓일 때에만 P → Q가 거짓이 된다.

이를 제외한 나머지 경우에는 모두 참이 된다.

(실제 세계의 참, 거짓에 대해 생각하면 안 된다.

논리학 내에서 참으로 본다고 받아 들여야 한다.)

전제(P)	결론(Q)	전체 명제(P → Q)
참	참	참
	거짓	거짓
거짓	참	참
	거짓	참

4. 조건 명제의 응용

조건 명제의 예시	뜻하는 바
'(P ∧ Q) → M'이 참일 때	'P → M'은 참일 수 없다. 'Q → M'은 참일 수 없다.
'(P ∨ Q) → M'이 참일 때	'P → M'은 참이다. (대우 관계인 '~ M → ~ P'도 참이다) 'Q → M'은 참이다. (대우 관계인 '~ M → ~ Q'도 참이다)
'M → (P ∧ Q)'이 참일 때	'M → P'은 참이다. (대우 관계인 '~ P → ~ M'도 참이다) 'M → Q'은 참이다. (대우 관계인 '~ Q → ~ M'도 참이다)

亦功신공 빨리 푸는 전략!

○ 1단계

(가)와 (나)를
논리 기호로 표현하기

○ 2단계

(가)와 (나)의
매개항을 찾아서
연결하기

○ 3단계

연결한 문장과
같은 선지를
찾기

01 (가)와 (나)를 전제로 할 때 빈칸에 들어갈 결론으로 가장 적절한 것은? 2025 인혁처 샘플

> (가) 노인복지 문제에 관심이 있는 사람 중 일부는 일자리 문제에 관심이 있는 사람이 아니다.
> (나) 공직에 관심이 있는 사람은 모두 일자리 문제에 관심이 있는 사람이다.
> 따라서 _____.

① 노인복지 문제에 관심이 있는 사람 중 일부는 공직에 관심이 있는 사람이 아니다
② 공직에 관심이 있는 사람 중 일부는 노인복지 문제에 관심이 있는 사람이 아니다
③ 공직에 관심이 있는 사람은 모두 노인복지 문제에 관심이 있는 사람이 아니다
④ 일자리 문제에 관심이 있지만 노인복지 문제에 관심이 없는 사람은 모두 공직에 관심이 있는 사람이 아니다

02 〈보기〉의 내용에 대한 이해로 가장 옳지 않은 것은? 2022 서울시 9급

> ─[보기]─
> 참, 거짓을 판단할 수 있는 문장을 명제라고 한다. 문장이 나타내는 명제가 실제 세계의 사실과 일치하면 참이고 그렇지 않으면 거짓이다. 가령, '사과는 과일이다.'는 실제 세계의 사실과 일치하므로 참인 명제지만 '새는 무생물이다.'는 실제 세계의 사실과 일치하지 않으므로 거짓인 명제이다. 이와 같이 명제가 지닌 진리치가 무엇인지 밝혀주는 조건을 진리 조건이라고 한다. 명제 논리의 진리 조건을 간략하게 살펴보면 다음과 같다. 모든 명제는 참이든지 거짓이든지 둘 중 하나여야 하며 참도 아니고 거짓도 아니거나 참이면서 거짓인 경우는 없다. 명제 P가 참이면 ~그 부정 명제 ~P는 거짓이고 ~P가 참이면 P는 거짓이다. 명제 P와 Q가 AND로 연결되는 P∧Q는 P와 Q가 모두 참일 때에만 참이다. 명제 P와 Q가 OR로 연결되는 P∨Q는 P와 Q 둘 중 적어도 하나가 참이기만 하면 참이 된다. 명제 P와 Q가 IF … THEN으로 연결되는 P-Q는 P가 참이고 Q가 거짓이면 거짓이고 나머지 경우에는 모두 참이 된다.

① 명제 논리에서 '모기는 생물이면서 무생물이다.'는 성립하지 않는다.
② 명제 논리에서 '파리가 새라면 지구는 둥글다.'는 거짓이다.
③ 명제 논리에서 '개가 동물이거나 컴퓨터가 동물이다.'는 참이다.
④ 명제 논리에서 '늑대는 새가 아니고 파리는 곤충이다.'는 참이다.

01 (가)와 (나)를 전제로 할 때 빈칸에 들어갈 결론으로 가장 적절한 것은? 2025 인혁처 샘플

> (가) 노인복지 문제에 관심이 있는 사람 중 일부는 일자리 문제에 관심이 있는 사람이 아니다.
>
> (나) 공직에 관심이 있는 사람은 모두 일자리 문제에 관심이 있는 사람이다.
>
> 따라서 _____.

(가) 노인복지 m∧ ~ 일자리
(나) 공직 → 일자리
~일자리 → ~공직

노인복지 m∧ ~ 일자리 → ~공직

∴ 노인복지 m∧ ~ → 일자리 ~공직

① 노인복지 문제에 관심이 있는 사람 중 일부는 공직에 관심이 있는 사람이 아니다

② 공직에 관심이 있는 사람 중 일부는 노인복지 문제에 관심이 있는 사람이 아니다

③ 공직에 관심이 있는 사람은 모두 노인복지 문제에 관심이 있는 사람이 아니다

④ 일자리 문제에 관심이 있지만 노인복지 문제에 관심이 없는 사람은 모두 공직에 관심이 있는 사람이 아니다

알 수 없음

PART 03

02 〈보기〉의 내용에 대한 이해로 가장 옳지 않은 것은? 2022 서울시 9급

─[보기]─

참, 거짓을 판단할 수 있는 문장을 명제라고 한다. 문장이 나타내는 명제가 실제 세계의 사실과 일치하면 참이고 그렇지 않으면 거짓이다. 가령, '사과는 과일이다.'는 실제 세계의 사실과 일치하므로 참인 명제지만 '새는 무생물이다.'는 실제 세계의 사실과 일치하지 않으므로 거짓인 명제이다. 이와 같이 명제가 지닌 진리치가 무엇인지 밝혀주는 조건을 진리 조건이라고 한다. 명제 논리의 진리 조건을 간략하게 살펴보면 다음과 같다. ⓪ 모든 명제는 참이든지 거짓이든지 둘 중 하나여야 하며 참도 아니고 거짓도 아니거나 참이면서 거짓인 경우는 없다. 명제 P가 참이면 ~그 부정 명제 ~P는 거짓이고 ~P가 참이면 P는 거짓이다. ① 명제 P와 Q가 AND로 연결되는 P∧Q는 P와 Q가 모두 참일 때에만 참이다. ② 명제 P와 Q가 OR로 연결되는 P∨Q는 P와 Q 둘 중 적어도 하나가 참이기만 하면 참이 된다. ③ 명제 P와 Q가 IF … THEN으로 연결되는 P-Q는 P가 참이고 Q가 거짓이면 거짓이고 나머지 경우에는 모두 참이 된다.

① 명제 논리에서 '모기는 생물이면서 무생물이다.'는 성립하지 않는다. (O)

② 명제 논리에서 '파리가 새라면 지구는 둥글다.'는 거짓이다.

③ 명제 논리에서 '개가 동물이거나 컴퓨터가 동물이다.'는 참이다. (O)

④ 명제 논리에서 '늑대는 새가 아니고 파리는 곤충이다.'는 참이다. (O)

참

DAY
05 亦(역)功(공) 빈칸에 들어갈 결론 문제 훈련

01 (가)~(나)를 전제로 할 때, 빈칸에 들어갈 결론으로 적절한 것은?

> (가) 모든 사람은 죽는다.
> (나) 어떤 생명체는 죽지 않는다.
> 따라서 [   ].

① 어떤 생명체는 사람이다.
② 모든 사람은 생명체이다.
③ 어떤 사람은 죽지 않는다.
④ 죽지 않는 생명체는 사람이 아니다.

---

1. 정답인 이유

2. 틀린 답인 이유(나의 약점)

---

02 (가)~(나)를 전제로 할 때, 빈칸에 들어갈 결론으로 적절한 것은?

> (가) 모든 나무는 푸르다.
> (나) 불에 타는 것 중 일부는 푸르지 않다.
> 따라서 [   ].

① 불에 타는 것 중 나무가 아닌 것이 있다
② 불에 타지 않는 것은 모두 푸르다.
③ 모든 나무는 불에 탄다.
④ 푸르지 않고 불에 타는 것은 모두 나무이다.

---

1. 정답인 이유

2. 틀린 답인 이유(나의 약점)

---

03 (가)~(다)를 전제로 할 때, 빈칸에 들어갈 결론으로 적절한 것은?

> (가) 행정공무원에 관심이 있는 모든 학생이 기술공무원에 관심이 있는 것은 아니다.
> (나) 경찰공무원에 관심이 있는 모든 학생은 행정공무원에 관심이 있다.
> (다) 행정공무원에 관심이 있는 학생 중 일부는 소방공무원에 관심이 있다.
> 따라서 _____.

① 경찰공무원에 관심이 있는 학생 중 기술공무원에 관심이 있는 학생이 있을 수 있다.

② 경찰공무원에 관심이 있는 모든 학생은 소방공무원에 관심이 없다.

③ 기술공무원에 관심이 있는 학생 중 행정공무원에 관심이 있는 학생은 없다.

④ 소방공무원에 관심이 있는 모든 학생은 행정공무원에 관심이 있다.

PART
03

1. 정답인 이유

2. 틀린 답인 이유(나의 약점)

Chapter

03 생략된 전제 추론

정답 및 해설 p.183

TYPE 1 생략된 전제 추론 Pick!

01 다음 글의 밑줄 친 결론을 이끌어내기 위해 추가해야 할 것은? 2025 인혁처 샘플

> 문학을 좋아하는 사람은 모두 자연의 아름다움을 좋아하는 사람이다. 자연의 아름다움을 좋아하는 어떤 사람은 예술을 좋아하는 사람이다. 따라서 <u>예술을 좋아하는 어떤 사람은 문학을 좋아하는 사람이다.</u>

① 자연의 아름다움을 좋아하는 사람은 모두 문학을 좋아하는 사람이다.
② 문학을 좋아하는 어떤 사람은 자연의 아름다움을 좋아하는 사람이다.
③ 예술을 좋아하는 어떤 사람은 자연의 아름다움을 좋아하는 사람이다.
④ 예술을 좋아하지만 문학을 좋아하지 않는 사람은 모두 자연의 아름다움을 좋아하는 사람이다.

02 다음 글의 모든 문장이 참일 때, 밑줄 친 결론을 이끌어내기 위해 추가해야 할 것은?

> 커피를 좋아하는 모든 사람은 녹차를 좋아한다. 따라서 <u>녹차를 좋아하는 어떤 사람은 아이스크림을 좋아한다.</u>

① 아이스크림을 좋아하는 어떤 사람은 커피를 좋아하지 않는다.
② 아이스크림을 좋아하지 않는 어떤 사람은 커피를 좋아하지 않는다.
③ 커피를 좋아하는 모든 사람은 아이스크림을 좋아하지 않는다.
④ 커피를 좋아하는 어떤 사람은 아이스크림을 좋아한다.

TYPE 1 **생략된 전제 추론 Pick!**

01 다음 글의 밑줄 친 결론을 이끌어내기 위해 추가해야 할 것은? 2025 인혁처 샘플

> 문학을 좋아하는 사람은 모두 자연의 아름다움을 좋아하는 사람이다. 자연의 아름다움을 좋아하는 어떤 사람은 예술을 좋아하는 사람이다. 따라서 <u>예술을 좋아하는 어떤 사람은 문학을 좋아하는 사람이다.</u>

① 자연의 아름다움을 좋아하는 사람은 모두 문학을 좋아하는 사람이다.

② 문학을 좋아하는 어떤 사람은 자연의 아름다움을 좋아하는 사람이다.

③ 예술을 좋아하는 어떤 사람은 자연의 아름다움을 좋아하는 사람이다.

④ 예술을 좋아하지만 문학을 좋아하지 않는 사람은 모두 자연의 아름다움을 좋아하는 사람이다.

문학 → 자연의 아름다움

자연의 아름다움 $_n$ ∧ 예술

(예술 $_n$ ∧ 자연의 아름다움)

자연의 아름다움 → 문학

결론 : 예술 $_n$ ∧ 문학

02 다음 글의 모든 문장이 참일 때, 밑줄 친 결론을 이끌어내기 위해 추가해야 할 것은?

> 커피를 좋아하는 모든 사람은 녹차를 좋아한다. 따라서 <u>녹차를 좋아하는 어떤 사람은 아이스크림을 좋아한다.</u>

① 아이스크림을 좋아하는 어떤 사람은 커피를 좋아하지 않는다.

② 아이스크림을 좋아하지 않는 어떤 사람은 커피를 좋아하지 않는다.

③ 커피를 좋아하는 모든 사람은 아이스크림을 좋아하지 않는다.

④ 커피를 좋아하는 어떤 사람은 아이스크림을 좋아한다.

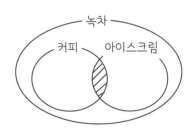

커피 → 녹차

커피 ∧ 아이스크림

결론 : 녹차 $_n$ ∧ 아이스크림

DAY 06 亦功 생략된 전제 추론 문제 훈련

01 다음 글의 모든 문장이 참일 때, 밑줄 친 결론을 이끌어내기 위해 추가해야 할 것은?

> 도서관을 자주 이용하는 모든 학생은 독서를 좋아한다. <u>따라서 독서를 좋아하는 어떤 학생은 국어를 잘한다.</u>

① 국어를 잘하는 어떤 학생은 도서관을 자주 이용하지 않는다.
② 국어를 잘하지 않는 어떤 학생은 도서관을 자주 이용하지 않는다.
③ 도서관을 자주 이용하는 모든 학생은 국어를 잘하지 않는다.
④ 도서관을 자주 이용하는 어떤 학생은 국어를 잘한다.

---

1. 정답인 이유

2. 틀린 답인 이유(나의 약점)

---

02 다음 글의 모든 문장이 참일 때, 밑줄 친 결론을 이끌어내기 위해 추가해야 할 것은?

> 의학에 관심이 있는 어떤 사람은 약학에도 관심이 있다. 생명공학에 관심이 있는 모든 사람은 화학에 관심이 없다. 따라서 <u>약학에 관심이 있는 어떤 사람은 화학에 관심이 없다.</u>

① 화학에 관심이 있는 어떤 사람은 의학에 관심이 없다.
② 생명공학에 관심이 없는 모든 사람은 의학에도 관심이 없다.
③ 생명공학에 관심이 있는 어떤 사람은 화학에 관심이 있다.
④ 의학에 관심이 있는 어떤 사람은 생명공학에 관심이 있다.

---

1. 정답인 이유

2. 틀린 답인 이유(나의 약점)

ME
MO

박혜선 국어
독해 신유형 공부

강화, 약화 추론

Chapter

01 일반 강화, 약화

2025년에 새로 추가된 유형으로

강화, 약화 추론은 무조건 1문제 나오는 0순위 최빈출 유형에 해당됩니다.

제시문에 하나의 이론 혹은 여러 이론이 나열된 후에

특정 사례가 이 이론들을 뒷받침하면 강화,

뒷받침하지 않으면 약화한다고 보는 것입니다.

이 문제를 풀기 위해서는 각 이론들에 대한 이해가 전제되어야 합니다.

정답 및 해설 p.185

 TYPE 1 **일반 강화, 약화 Pick!**

다음 글을 읽고 물음에 답하시오.

영국의 유명한 원형 석조물인 스톤헨지는 기원전 3,000년경 신석기시대에 세워졌다. 1960년대에 천문학자 호일이 스톤헨지가 일종의 연산장치라는 주장을 하였고, 이후 엔지니어인 톰은 태양과 달을 관찰하기 위한 정교한 기구라고 확신했다. 천문학자 호킨스는 스톤헨지의 모양이 태양과 달의 배열을 나타낸 것이라는 의견을 제시해 관심을 모았다.

그러나 고고학자 앳킨슨은 그들의 생각을 비난했다. 앳킨슨은 스톤헨지를 세운 사람들을 '야만인'으로 묘사하면서, 이들은 호킨스의 주장과 달리 과학적 사고를 할 줄 모른다고 주장했다. 이에 호킨스를 옹호하는 학자들이 진화적 관점에서 앳킨슨을 비판하였다. 이들은 신석기시대보다 훨씬 이전인 4만 년 전의 사람들도 신체적으로 우리와 동일했으며 지능 또한 우리보다 열등했다고 볼 근거가 없다고 주장했다.

하지만 스톤헨지의 건설자들이 포괄적인 의미에서 현대인과 같은 지능을 가졌다고 해도 과학적 사고와 기술적 지식을 가지지는 못했다. 그들에게는 우리처럼 2,500년에 걸쳐 수학과 천문학의 지식이 보존되고 세대를 거쳐 전승되어 쌓인 방대하고 정교한 문자 기록이 없었다. 선사시대의 생각과 행동이 우리와 똑같은 식으로 전개되지 않았으리라는 점은 매우 중요하다. 지적 능력을 갖췄다고 해서 누구나 우리와 같은 동기와 관심, 개념적 틀을 가졌으리라고 생각하는 것은 잘못이다.

01 윗글에 대해 평가한 내용으로 가장 적절한 것은? 2025 인혁처 샘플

① 스톤헨지가 제사를 지내는 장소였다는 후대 기록이 발견되면 호킨스의 주장은 강화될 것이다.

② 스톤헨지 건설 당시의 사람들이 숫자를 사용하였다는 증거가 발견되면 호일의 주장은 약화될 것이다.

③ 스톤헨지의 유적지에서 수학과 과학에 관련된 신석기시대 기록물이 발견되면 글쓴이의 주장은 강화될 것이다.

④ 기원전 3,000년경 인류에게 천문학 지식이 있었다는 증거가 발견되면 앳킨슨의 주장은 약화될 것이다.

TYPE 1　일반 강화, 약화 Pick!

다음 글을 읽고 물음에 답하시오.

　　영국의 유명한 원형 석조물인 스톤헨지는 기원전 3,000년경 신석기시대에 세워졌다. 1960년대에 천문학자 호일이 스톤헨① 지가 일종의 연산장치라는 주장을 하였고, 이후 엔지니어인 톰은 태양과 달을 관찰하기 위한 정교한 기구라고 확신했다. ② ② 천문학자 호킨스는 스톤헨지의 모양이 태양과 달의 배열을 나타낸 것이라는 의견을 제시해 관심을 모았다. ③

　　그러나 고고학자 앳킨슨은 그들의 생각을 비난했다. 앳킨슨은 스톤헨지를 세운 사람들을 '야만인'으로 묘사하면서, 이들 ④ ④ 은 호킨스의 주장과 달리 과학적 사고를 할 줄 모른다고 주장했다. 이에 호킨스를 옹호하는 학자들이 진화적 관점에서 앳킨 ⑤ 슨을 비판하였다. 이들은 신석기시대보다 훨씬 이전인 4만 년 전의 사람들도 신체적으로 우리와 동일했으며 지능 또한 우 ⑤ 리보다 열등했다고 볼 근거가 없다고 주장했다.

⑥ 글쓴이의 주장
　　하지만 스톤헨지의 건설자들이 포괄적인 의미에서 현대인과 같은 지능을 가졌다고 해도 과학적 사고와 기술적 지식을 가지지는 못했다. 그들에게는 우리처럼 2,500년에 걸쳐 수학과 천문학의 지식이 보존되고 세대를 거쳐 전승되어 쌓인 방대하고 정교한 문자 기록이 없었다. 선사시대의 생각과 행동이 우리와 똑같은 식으로 전개되지 않았으리라는 점은 매우 중요하다. 지적 능력을 갖췄다고 해서 누구나 우리와 같은 동기와 관심, 개념적 틀을 가졌으리라고 생각하는 것은 잘못이다.

01 윗글에 대해 평가한 내용으로 가장 적절한 것은? 2025 인혁처 샘플

① 스톤헨지가 제사를 지내는 장소였다는 후대 기록이 발견되면 호킨스의 주장은 강화될 것이다.
　　　　관련 없음　　　　　　　　　　　　　　　③ 태양과 달의 배열　　　　강화
② 스톤헨지 건설 당시의 사람들이 숫자를 사용하였다는 증거가 발견되면 호일의 주장은 약~~화~~될 것이다.
　　　　　　　　　　관련 있음　　① 연산 장치　　　　　　　약화
③ 스톤헨지의 유적지에서 수학과 과학에 관련된 신석기시대 기록물이 발견되면 글쓴이의 주장은 강~~화~~될 것이다.
　　　　　　　　　　반대의 사례　　⑥ 스톤헨지 건설자들 = 과학X 지식X
✓④ 기원전 3,000년경 인류에게 천문학 지식이 있었다는 증거가 발견되면 앳킨슨의 주장은 약화될 것이다.
　　　　　　반대의 사례　　④ 스톤헨지 세운 사람들 = 야만인

亦功신공 빨리 푸는 전략!

○ 1단계

선지를 먼저 읽고
힌트를 얻는다.
(보병 중심 전술,
기병 중심 전술)

○ 2단계

'보병 중심 전술,
기병 중심 전술'을
설명한 대조 구조의
제시문 읽기
(단, 일정한 기준에
따라 차이점을
정리하면서 읽기)

○ 3단계

'특정 사례'를
'강화, 약화'하는지
선지의 참, 거짓을
판별하기

01 다음 글에 대해 평가한 내용으로 가장 적절한 것은?

조선 전기에는 기병을 중심으로 한 활쏘기와 돌격 전술, 그리고 이를 뒷받침하는 보병의 화포 공격 지원이 중요하였다. 이러한 전술은 여진족과의 전투에서 효과적이었는데 상대가 화약 병기가 없었고 전투 규모도 비교적 작았기 때문이다. 하지만 16세기 중반 일본에 조총이 도입되면서 새로운 전술이 필요해졌다. 조총을 다루는 데는 특별한 기술이 필요하지 않았으므로 낮은 신분의 조총 무장 보병이 주요한 전투 병력으로 등장하게 되었다. 이에 따라 조선군은 기병 중심에서 보병 중심으로 전환해야 하는 필요성에 직면하였다. 따라서 조총병인 포수와 각종 근접병 병기로 무장한 살수에 전통적 기예인 활을 담당하는 사수를 포함시켜 삼수병 체제를 편제하였고 보병 중심의 체제를 확립하게 되었다. 17세기 중반 이후 조총의 위력이 높아짐에 따라 삼수 내의 무기 체계 분포에도 변화가 시작되었는데 상대적으로 기술을 익히기 어렵고 재료를 구하기도 어려웠던 활 대신 조총의 필요성이 점차 증가하였다.

① 여진족이 화포 공격을 두려워한다는 사실은 보병 중심 전술의 중요성을 강화한다.
② 활쏘기 기술을 익히기 어렵다는 사실은 기병 중심 전술의 중요성을 강화한다.
③ 일본에 조총이 도입된 것은 보병 중심 전술의 중요성을 약화한다.
④ 조총의 위상이 높아진 것은 보병 중심 전술의 중요성을 강화한다.

01 다음 글에 대해 평가한 내용으로 가장 적절한 것은?

조선 전기에는 기병을 중심으로 한 활쏘기와 돌격 전술, 그리고 이를 뒷받침하는 보병의 화포 공격 지원이 중요하였다. 이러한 전술은 여진족과의 전투에서 효과적이었는데 상대가 화약 병기가 없었고 전투 규모도 비교적 작았기 때문이다. 하지만 16세기 중반 일본에 조총이 도입되면서 새로운 전술이 필요해졌다. 조총을 다루는 데는 특별한 기술이 필요하지 않았으므로 낮은 신분의 조총 무장 보병이 주요한 전투 병력으로 등장하게 되었다. 이에 따라 조선군은 기병 중심에서 보병 중심으로 전환해야 하는 필요성에 직면하였다. 따라서 조총병인 포수와 각종 근접병 병기로 무장한 살수에 전통적 기예인 활을 담당하는 사수를 포함시켜 삼수병 체제를 편제하였고 보병 중심의 체제를 확립하게 되었다. 17세기 중반 이후 조총의 위력이 높아짐에 따라 삼수 내의 무기 체계 분포에도 변화가 시작되었는데 상대적으로 기술을 익히기 어렵고 재료를 구하기도 어려웠던 활 대신 조총의 필요성이 점차 증가하였다.

① 여진족이 화포 공격을 두려워한다는 사실은 보병 중심 전술의 중요성을 강화한다.

② 활쏘기 기술을 익히기 어렵다는 사실은 기병 중심 전술의 중요성을 강화한다.

③ 일본에 조총이 도입된 것은 보병 중심 전술의 중요성을 약화한다.

④ 조총의 위상이 높아진 것은 보병 중심 전술의 중요성을 강화한다.

DAY

07 亦功(역)(공) 일반 강화, 약화 문제 훈련

01 다음 글에 대해 평가한 내용으로 가장 적절한 것은?

> 특정 산업에서 선발 기업이 후발 기업보다 기술력이나 마케팅 능력이 더 뛰어나다는 점을 고려하면, 선발 기업이 산업의 주도권을 유지하는 것이 타당해 보인다. 그런데 오늘날의 국제 경제 환경에서는 후발 기업이 선발 기업을 따라잡고 산업의 주도권이 후발 기업으로 이동하는 현상이 종종 관찰되는데 이를 설명하는 이론으로 '추격 사이클 이론'이 있다. 산업의 주도권 이동과 관련하여 기업에는 세 가지 기회의 창이 열릴 수 있는데 첫 번째는 새로운 기술의 등장이고 두 번째는 경기 순환 또는 새로운 소비자의 등장과 같은 시장의 갑작스러운 변화이다. 세 번째는 정부의 규제 혹은 직접적인 지원이다. 기업의 추격 사이클은 기회의 창들에 대한 기업의 전략적 선택에 따른 결과라고 볼 수 있다. 이러한 관점에서 추격 사이클 이론은 특정 요소의 영향력을 강조한다기보다는 외부적 요인과 기업의 주체적 요인을 모두 중시함으로써 후발 기업의 역전 현상을 설명하는 것을 시도하였다는 점에서 의의가 있다.

① 디지털 카메라 시장에서 필름카메라 기업을 추월한 소니와 캐논의 사례는 추격 사이클 이론을 강화한다.

② 보잉과 에어버스가 주도하는 항공기 제조 산업의 높은 기술진입장벽과 대규모 자본의 필요성은 추격 사이클 이론을 강화한다.

③ 스마트폰 시장에서 애플의 아이폰이 기존의 휴대폰 시장을 혁신하여 시장 점유율 1위를 차지한 것은 추격 사이클 이론을 약화한다.

④ 테슬라가 뒤늦게 자동차 시장에 진입했지만 전기자동차 시장의 주도권을 잡은 것은 추격 사이클 이론을 약화한다.

1. 정답인 이유

2. 틀린 답인 이유(나의 약점)

02 다음 글의 '제조물 책임법'을 평가한 내용으로 적절하지 않은 것은?

대량 생산이 이루어지는 현대 산업 사회에서는 결함 상품이 발생하고 이에 따라 소비자의 피해도 발생할 수 있다. 만약 제조물의 결함으로 피해를 입은 소비자가 구제를 받기 위해서는 제조 과정에서 제조자의 과실이 있었고 이에 따라 소비자가 피해를 받았음을 입증해야 하는데 이는 쉽지 않다. 따라서 소비자가 쉽게 피해 구제를 받을 수 있도록 하기 위해 제조물 책임법이 시행되고 있다. 제조물 책임법은 제조업자에게 고의나 과실이 없더라도 제조물의 결함으로 피해를 입은 사람에게 제조업자가 손해 배상 책임을 지도록 하는 법률이다. 이에는 공산품, 가공 식품, 중고품, 폐기물, 부품, 원재료 등 제조 또는 가공된 물품이 폭넓게 포함되지만 농수축산물 등은 제조물의 범위에서 제외된다. 제조물의 결함으로 인해 손해가 발생했더라도 다음 중 어느 하나에 해당한다면 제조업자는 배상 책임을 면할 수 있다. 첫째는 제조업자가 해당 제조물을 공급하지 않은 경우, 둘째는 제조업자가 해당 제조물을 공급한 때의 과학기술로는 결함을 발견할 수 없는 경우, 셋째는 해당 제조물을 공급할 당시의 법령이 정하는 기준을 준수하여 제조물의 결함이 발생한 경우이다. 하지만 면책 사유에 해당하더라도 제조물의 결함을 알았고 적절한 피해 예방 조치를 하지 않았거나 주의를 기울였다면 충분히 알 수 있었을 결함을 발견하지 못한 경우에는 책임을 피하기 어렵다.

① 제조업체에게 무과실 책임을 지우는 것은 제품의 안정성에 대한 책임감을 높이므로 제조물 책임법의 정당성을 강화한다.

② 면책 사유의 적용과 해석의 복잡성으로 인한 법적 분쟁 소지 증가는 제조물 책임법의 정당성을 강화한다.

③ 농수축산물에 결함이 생긴 경우 제조업자가 책임을 지지 않는 것은 제조물 책임법을 강화한다.

④ 제조물 책임법으로 제품에 대한 소비자 신뢰를 증진시킨다는 이점은 제조물 책임법의 정당성을 강화한다.

1. 정답인 이유
_____
_____
_____

2. 틀린 답인 이유(나의 약점)
_____
_____
_____

Chapter
02
<보기> 강화 약화

2025년에 새로 추가된 유형으로

<보기> 강화, 약화 추론은 무조건 1문제 나오는 0순위 최빈출 유형에 해당됩니다.

앞의 유형과 비슷한 유형이지만 차이점이 있습니다.

이 유형은 제시문에 하나의 이론에 대한 설명이 나옵니다.

그리고 <보기>를 준 후에

<보기>의 특정 사례가 이 이론들을 뒷받침하면 강화,

뒷받침하지 않으면 약화한다고 보는 것입니다.

하나의 이론을 똑똑하게 잘 이해하고 정리했다면 <보기>의 참, 거짓을 판별하기 쉽습니다.

정답 및 해설 p.186

 <보기> 강화 약화 Pick!

01 ㉠을 평가한 내용으로 적절한 것만을 <보기>에서 모두 고르면? 2025 인혁처 샘플

> 흔히 '일곱 빛깔 무지개'라는 말을 한다. 서로 다른 빛깔의 띠 일곱 개가 무지개를 이루고 있다는 뜻이다. 영어나 프랑스어를 비롯해 다른 자연언어들에도 이와 똑같은 표현이 있는데, 이는 해당 자연언어가 무지개의 색상에 대응하는 색채 어휘를 일곱 개씩 지녔기 때문이라고 할 수 있다.
>
> 언어학자 사피어와 그의 제자 워프는 여기서 어떤 영감을 얻었다. 그들은 서로 다른 언어를 쓰는 아메리카 원주민들에게 무지개의 띠가 몇 개냐고 물었다. 대답은 제각각 달랐다. 사피어와 워프는 이 설문 결과에 기대어, 사람들은 자신의 언어에 얽매인 채 세계를 경험한다고 판단했다. 이 판단으로부터, "우리는 모국어가 그어놓은 선에 따라 자연세계를 분단한다."라는 유명한 발언이 나왔다. 이에 따르면 특정 현상과 관련한 단어가 많을수록 해당 언어권의 화자들은 그 현상에 대해 심도 있게 경험하는 것이다. 언어가 의식을, 사고와 세계관을 결정한다는 이 견해는 ㉠ <u>사피어-워프 가설</u>이라 불리며 언어학과 인지과학의 논란거리가 되어왔다.

[보기]

ㄱ. 눈[雪]을 가리키는 단어를 4개 지니고 있는 이누이트족이 1개 지니고 있는 영어 화자들보다 눈을 넓고 섬세하게 경험한다는 것은 ㉠을 강화한다.

ㄴ. 수를 세는 단어가 '하나', '둘', '많다' 3개뿐인 피라하족의 사람들이 세 개 이상의 대상을 모두 '많다'고 인식하는 것은 ㉠을 강화한다.

ㄷ. 색채 어휘가 적은 자연언어 화자들이 색채 어휘가 많은 자연언어 화자들에 비해 색채를 구별하는 능력이 뛰어나다는 것은 ㉠을 약화한다.

① ㄱ

② ㄱ, ㄴ

③ ㄴ, ㄷ

④ ㄱ, ㄴ, ㄷ

TYPE 1   **<보기> 강화 약화 Pick!**

01 ㉠을 평가한 내용으로 적절한 것만을 <보기>에서 모두 고르면? 2025 인혁처 샘플

> 흔히 '일곱 빛깔 무지개'라는 말을 한다. 서로 다른 빛깔의 띠 일곱 개가 무지개를 이루고 있다는 뜻이다. 영어나 프랑스어를 비롯해 다른 자연언어들에도 이와 똑같은 표현이 있는데, 이는 해당 자연언어가 무지개의 색상에 대응하는 색채 어휘를 일곱 개씩 지녔기 때문이라고 할 수 있다.
>
> 언어학자 사피어와 그의 제자 워프는 여기서 어떤 영감을 얻었다. 그들은 서로 다른 언어를 쓰는 아메리카 원주민들에게 무지개의 띠가 몇 개냐고 물었다. 대답은 제각각 달랐다. 사피어와 워프는 이 설문 결과에 기대어, 사람들은 자신의 언어에 얽매인 채 세계를 경험한다고 판단했다. 이 판단으로부터, "우리는 모국어가 그어놓은 선에 따라 자연세계를 분단한다."라는 유명한 발언이 나왔다. 이에 따르면 특정 현상과 관련한 <u>단어가 많을수록</u> 해당 언어권의 화자들은 그 현상에 대해 심도 있게 <u>경험하는</u> 것이다. 언어가 의식을, 사고와 세계관을 결정한다는 이 견해는 ㉠<u>사피어-워프 가설</u>이라 불리며 언어학과 인지과학의 논란거리가 되어왔다.

→ 단어↑   → 경험↑

↳ 단어↑ 경험↑ ┐ 비례 관계
↳ 단어↓ 경험↓ ┘

[보기]
→ 단어↑   → 경험↑

ㄱ. 눈[雪]을 가리키는 <u>단어를 4개 지니고 있는 이누이트족</u>이 / 1개 지니고 있는 영어 화자들보다 / 눈을 넓고 섬세하게 <u>경험한</u>다는 것은 ㉠을 강화한다. (비례 관계 ∴O)

ㄴ. 수를 세는 단어가 '하나', '둘', '많다' 3개뿐인 피라하족의 사람들이 / 세 개 이상의 대상을 모두 '많다'고 인식하는 것은 ㉠을 강화한다. (비례 관계 ∴O)
↳ 단어↓   ↳ 경험↓

ㄷ. 색채 어휘가 적은 자연언어 화자들이 / 색채 어휘가 많은 자연언어 화자들에 비해 / 색채를 구별하는 능력이 뛰어나다는 것은 ㉠을 약화한다.
↳ 단어↓   ↳ 경험↑

↳ 단어↓, 경험↑ ⇒ 반비례 관계이므로 ㉠을 약화한다. (∴O)

① ㄱ   ② ㄱ, ㄴ

③ ㄴ, ㄷ   ④ ㄱ, ㄴ, ㄷ

亦功신공 빨리 푸는 전략!

○ **1단계**

㉠의 개념에 집중하며
제시문 읽기

○ **2단계**

㉠의 개념을 이해한
것을 토대로
〈보기〉의 강화, 약화를
판단하기

○ **3단계**

선지가 강화로 끝나는지
약화로 끝나는지
끝까지 읽기

01 ㉠을 평가한 내용으로 적절한 것만을 〈보기〉에서 모두 고르면?

언어학의 대가 노엄 촘스키는 인간의 언어기능이 생득적인 것이라는 ㉠ '생득적 언어이론'을 주장하였다. 이에 따르면 모든 인간은 '보편 문법'을 내재한 언어 습득 장치(LAD)를 갖고 태어나며, 이 장치는 다양한 자연 언어의 기본 구조를 인식하고 학습할 수 있는 능력을 제공한다. 여기에서 이야기하는 언어획득장치란 뇌의 특정 구조나 부위를 뜻하는 것이 아니라, 외부로부터 들어오는 언어자극을 분석하는 지각적, 인지적 능력을 말하는 것이다. 이러한 선천적인 언어처리능력을 통해 아동은 자기 스스로 광범위하게 복잡한 문법 구조를 빠르고 정확하게 습득할 수 있다. 즉, 촘스키는 언어적 자료가 입력되면 LAD 기재라는 두 뇌의 처리 능력이 있어서, 이를 토대로 언어 이해나 언어 산출과 같은 출력을 내놓을 수 있다고 보았다. 즉 인간은 능동적이며 행동주의에서 주장하는 것처럼 환경과 강화에 의해 습득하는 존재가 아니라고 본 것이다.

──〔보기〕
ㄱ. 세계 각지의 다양한 문화에서도 어린이들이 유사한 연령에 비슷한 방식으로 언어를 습득한다면, 이는 ㉠을 약화한다.
ㄴ. 언어적 자극이 풍부한 환경에서 자란 아이들이 그렇지 않은 환경에서 자란 아이들보다 언어 능력이 더욱 발달한다면, 이는 ㉠을 강화한다.
ㄷ. 다양한 언어 환경에서도 아이들이 언어를 습득하는 패턴이 일정하게 관찰된다면, 이는 ㉠을 강화한다.

① ㄱ

② ㄴ

③ ㄷ

④ ㄱ, ㄷ

01 ㉠을 평가한 내용으로 적절한 것만을 〈보기〉에서 모두 고르면?

언어학의 대가 노엄 촘스키는 인간의 언어기능이 생득적인 것이라는 ㉠'생득적 언어이론'을 주장하였다. 이에 따르면 모든 인간은 '보편 문법'을 내재한 언어 습득 장치(LAD)를 갖고 태어나며, 이 장치는 다양한 자연 언어의 기본 구조를 인식하고 학습할 수 있는 능력을 제공한다. 여기에서 이야기하는 언어획득장치란 뇌의 특정 구조나 부위를 뜻하는 것이 아니라, 외부로부터 들어오는 언어자극을 분석하는 지각적, 인지적 능력을 말하는 것이다. 이러한 선천적인 언어처리능력을 통해 아동은 자기 스스로 광범위하게 복잡한 문법 구조를 빠르고 정확하게 습득할 수 있다. 즉, 촘스키는 언어적 자료가 입력되면 LAD 기재라는 두 뇌의 처리 능력이 있어서, 이를 토대로 언어 이해나 언어 산출과 같은 출력을 내놓을 수 있다고 보았다. 즉 인간은 능동적이며 행동주의에서 주장하는 것처럼 환경과 강화에 의해 습득하는 존재가 아니라고 본 것이다.

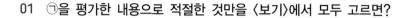
→ 문화는 다르나 모든 인간은 보편 문법을 내재하므로 비슷한 방식으로 습득 가능!

─〔보기〕

ㄱ. 세계 각지의 다양한 문화에서도 어린이들이 유사한 연령에 비슷한 방식으로 언어를 습득한다면, 이는 ㉠을 <del>약</del>화한다.(✗) 〔강〕

ㄴ. 언어적 자극이 풍부한 환경에서 자란 아이들이 그렇지 않은 환경에서 자란 아이들보다
└→ 선천적인 것 X   〔약〕
언어 능력이 더욱 발달한다면, 이는 ㉠을 <del>강</del>화한다. (✗)

ㄷ. 다양한 언어 환경에서도 아이들이 언어를 습득하는 패턴이 일정하게 관찰된다면, 이는
└→ 환경은 다르나 모든 인간은 보편 문법을 내재하므로
㉠을 강화한다.   언어를 습득하는 패턴이 일정하게 관찰됨
(○)

① ㄱ   ② ㄴ

③ ㄷ   ④ ㄱ, ㄷ

DAY

08 亦(역)功(공) 〈보기〉 강화 약화 문제 훈련

01 ㉠을 평가한 내용으로 적절한 것만을 〈보기〉에서 모두 고르면?

> 만약 누군가가 당신에게 '코끼리는 생각하지 마!'라고 이야기한다면 당신은 생각하지 말라는 말을 들었음에도, 머릿속에 코끼리를 떠올리고 있을 것이다. 이는 코끼리라는 '언어'가 코끼리를 떠오르게 만들었기 때문이다. 언어학자 조지 레이코프는 이처럼 ㉠ 언어로 인해 '프레임'이 작동할 수 있다고 주장하였다. 그는 인간의 인지 과정에 언어가 어떻게 영향을 주는지 체계적으로 설명한 학자이다. 조지 레이코프에 따르면 인간은 복잡한 추상적 개념을 이해하기 위하여 더욱 구체적이고 친숙한 체험을 바탕으로 하는 은유를 사용한다. 예를 들어, '시간은 돈이다'라는 은유는 시간을 경제적 자원으로 이해하도록 만들 수 있다. 이러한 사고방식은 인간이 시간을 관리하고 가치를 매기는 방식에 영향을 준다.

─〔보기〕─
ㄱ. 다양한 문화와 언어에서 비슷한 은유가 발견되는 것은 ㉠을 약화한다.
ㄴ. 실험심리학 연구에서 은유적 표현이 사람들의 판단과 행동에 구체적인 영향을 미친다는 결과가 나온다면, 이는 ㉠을 강화한다.
ㄷ. 은유가 모든 사고 과정에 적용되지 않으며, 특정 상황에만 유효할 수 있다는 연구가 발표된다면, 이는 ㉠을 약화한다.

① ㄱ
② ㄱ, ㄴ
③ ㄱ, ㄷ
④ ㄴ, ㄷ

1. 정답인 이유

2. 틀린 답인 이유(나의 약점)

02 ㉠을 평가한 내용으로 적절한 것만을 〈보기〉에서 모두 고르면?

경제학에서는 ㉠ 매몰 비용의 오류라는 개념이 있다. 이는 사람들이 이미 투자한 것에 대해 과도하게 집착하는 경향을 설명한다. 이는 곧 사람들이 자신이 이미 투자한 시간이나 노력, 자금 등에 대한 생각에 몰두하여 불리한 상황이나 선택을 계속해서 고수하게 만드는 것을 의미한다. 그런데 때로는 상황에서 물러나는 것이 가장 현명한 결정일 수 있다. 하지만 매몰 비용이 반드시 나쁜 것만은 아니다. 실제로, 인간의 이러한 경향을 유용하게 활용할 방법도 존재한다. 예를 들어, 목표를 달성하기 위해 개인 트레이너에게 큰 금액을 미리 지불하는 것처럼 원하는 목표에 도달하고자 사전에 상당한 투자를 실행하는 것이다. 이는 목표 달성을 위한 동기를 부여하는 전략이 될 수도 있다.

─〔보기〕─
ㄱ. 개발 중인 제품이 시장에서 외면받는다는 명확한 신호에도 불구하고, 투자 금액을 고려해 개발을 진행하는 사례는 ㉠을 강화한다.
ㄴ. 집값이 계속 떨어지고 있음에도 이미 많은 돈을 잃었다는 이유로 막대한 이자를 부담하는 사례는 ㉠을 약화한다.
ㄷ. 비싼 회원권 비용을 지불한 피트니스센터에 만족하지 못하자 다른 센터를 찾는 사례는 ㉠을 강화한다.

① ㄱ

② ㄱ, ㄴ

③ ㄱ, ㄷ

④ ㄴ, ㄷ

1. 정답인 이유

2. 틀린 답인 이유(나의 약점)

03 ㉠을 평가한 내용으로 적절한 것만을 〈보기〉에서 모두 고르면?

> ㉠'결합 인지 시스템'이란 인간과 기계가 서로 협력하여 목표를 달성하는 팀을 형성하는 접근법이다. 이 시스템에서는 로봇과 인간이 팀이 되어 각각이 팀의 성과에 기여하는 주체가 된다. 예를 들어, 사람이 자율 주행 시스템을 감독하여 운전을 시작하고 멈추는 자율주행차는 결합 인지 시스템의 좋은 예이다. 이러한 시스템을 설계하는 과정은 팀 구성원들이 어떻게 서로 협력하고 조율하여 공통의 목표를 달성하는지에 초점을 맞춘다. 이러한 접근법에서는 로봇을 독립적 과제를 수행하는 개별 행위자가 아니라, 인간을 돕는 동료로 간주한다. 이러한 접근법은 다양한 분야에서 유용할 수 있는데 특히 인간의 능력을 보완할 필요가 있는 상황에서 그 가치가 더욱 두드러진다. 하지만 인간과 로봇 간의 원활한 상호작용을 보장하기 위한 충분한 연구와 개발이 필요하다.

[보기]
ㄱ. 인간의 도움이 필요한 상황에서 로봇이 적절한 반응을 보이지 못하는 사례는 ㉠을 약화한다.
ㄴ. 인간 직원이 인간이 하기 힘든 반복적이고 위험한 작업을 하는 로봇을 감독하는 사례는 ㉠을 강화한다.
ㄷ. 인간이 로봇의 판단이나 수행 능력에만 의존하게 되는 사례는 ㉠을 약화한다.

① ㄱ, ㄴ   ② ㄱ, ㄷ
③ ㄴ, ㄷ   ④ ㄱ, ㄴ, ㄷ

---

1. 정답인 이유

_____

_____

2. 틀린 답인 이유(나의 약점)

_____

_____

박혜선 국어
독해 신유형 공부

빈칸 추론

Chapter

01 단수 빈칸 추론

2025년에도 나올 유형으로, 제시문의 중간 혹은 맨 뒤에 빈칸을 뚫어 놓고
빈칸에 어떠한 내용이 들어갈지 추론해야 하는 유형입니다.
매년 매 직렬 1-2문제는 반드시 나오는 0순위 최빈출 유형이므로
반드시 풀이 전략을 학습해야 합니다.
강의에서 알려 준 방법을 써야 정확하게 문제를 풀 수 있으므로
1) 어느 부분을 독해해야 하는지
2) 어느 초점을 맞춰 밑줄을 그어야 하는지 학습해야 합니다.
주변 정보를 잘 살핀 후에 객관적인 근거를 바탕으로 빈칸에 어떤 것이 들어갈지 예측한 후
제일 비슷한 선택지를 고릅니다.
만약 예측이 어렵다면 선택지를 보면서 추려 가야 합니다.

정답 및 해설 p.188

TYPE 1 **단수 빈칸 추론 Pick!**

01 다음 글의 빈칸에 들어갈 결론으로 가장 적절한 것은? 2025 인혁처 샘플

신경과학자 아이젠버거는 참가자들을 모집하여 실험을 진행하였다. 이 실험에서 그의 연구팀은 실험 참가자의 뇌를 'fMRI' 기계를 이용해 촬영하였다. 뇌의 어떤 부위가 활성화되는가를 촬영하여 실험 참가자가 어떤 심리적 상태인가를 파악하려는 것이었다. 아이젠버거는 각 참가자에게 그가 세 사람으로 구성된 그룹의 일원이 될 것이고, 온라인에 각각 접속하여 서로 공을 주고받는 게임을 하게 될 것이라고 알려주었다. 그런데 이 실험에서 각 그룹의 구성원 중 실제 참가자는 한 명뿐이었고 나머지 둘은 컴퓨터 프로그램이었다. 실험이 시작되면 처음 몇 분 동안 셋이 사이좋게 순서대로 공을 주고받지만, 어느 순간부터 실험 참가자는 공을 받지 못한다. 실험 참가자를 제외한 나머지 둘은 계속 공을 주고받기 때문에, 실험 참가자는 나머지 두 사람이 아무런 설명 없이 자신을 따돌린다고 느끼게 된다. 연구팀은 실험 참가자가 따돌림을 당할 때 그의 뇌에서 전두엽의 전대상피질 부위가 활성화된다는 것을 확인했다. 이는 인간이 물리적 폭력을 당할 때 활성화되는 뇌의 부위이다. 연구팀은 이로부터 [   ]는 결론을 내릴 수 있었다.

① 물리적 폭력은 뇌 전두엽의 전대상피질 부위를 활성화한다
② 물리적 폭력은 피해자의 개인적 경험을 사회적 문제로 전환한다
③ 따돌림은 피해자에게 물리적 폭력보다 더 심각한 부정적 영향을 미친다
④ 따돌림을 당할 때와 물리적 폭력을 당할 때의 심리적 상태는 서로 다르지 않다

TYPE 1 단수 빈칸 추론 Pick!

01 다음 글의 빈칸에 들어갈 결론으로 가장 적절한 것은? 2025 인혁처 샘플

실험 과정

신경과학자 아이젠버거는 참가자들을 모집하여 실험을 진행하였다. 이 실험에서 그의 연구팀은 실험 참가자의 뇌를 'fMRI' 기계를 이용해 촬영하였다. 뇌의 어떤 부위가 활성화되는가를 촬영하여 실험 참가자가 어떤 심리적 상태인가를 파악하려는 것이었다. 아이젠버거는 각 참가자에게 그가 세 사람으로 구성된 그룹의 일원이 될 것이고, 온라인에 각각 접속하여 서로 공을 주고받는 게임을 하게 될 것이라고 알려주었다. 그런데 이 실험에서 각 그룹의 구성원 중 실제 참가자는 한 명뿐이었고 나머지 둘은 컴퓨터 프로그램이었다. 실험이 시작되면 처음 몇 분 동안 셋이 사이좋게 순서대로 공을 주고받지만, 어느 순간부터 실험 참가자는 공을 받지 못한다. 실험 참가자를 제외한 나머지 둘은 계속 공을 주고받기 때문에, 실험 참가자는 나머지 두 사람이 아무런 설명 없이 자신을 따돌린다고 느끼게 된다. 실험 결과 ★★★ 연구팀은 실험 참가자가 따돌림을 당할 때 그의 뇌에서 전두엽의 전대상피질 부위가 활성화된다는 것을 확인했다. 이는 인간이 물리적 폭력을 당할 때 활성화되는 뇌의 부위이다. 연구팀은 이로부터 [   ]는 결론을 내릴 수 있었다.

스스로 예측 ⇒ 따돌림을 당할 때와 물리적 폭력을 당할 때 같은 부위가 활성화된다.

① 물리적 폭력은 뇌 전두엽의 전대상피질 부위를 활성화한다 ↘ 초점의 오류

② 물리적 폭력은 피해자의 개인적 경험을 사회적 문제로 전환한다 ↘ 미언급의 오류

③ 따돌림은 피해자에게 물리적 폭력보다 더 심각한 부정적 영향을 미친다 ↘ 비교 혼동의 오류(미언급의 오류)

④ 따돌림을 당할 때와 물리적 폭력을 당할 때의 심리적 상태는 서로 다르지 않다

01 (가)에 들어갈 말로 가장 적절한 것은? 2022 지방직 7급

　자기지향적 동기와 타인지향적 동기는 행위의 적극성과 어떤 관계가 있을까? A는 자율방범대원들에게 이 일의 자원 동기에 대해 물어보았다. 자기지향적 동기만 말한 사람과 타인지향적 동기만 말한 사람, 그리고 둘 다 말한 사람이 고르게 분포되었다. 그 후 설문에 참여한 사람들이 2개월간 방범 순찰에 참여한 횟수를 살펴보았다. 그 결과 자기지향적 동기를 말한 사람들 모두가 자기지향적 동기를 말하지 않은 사람들보다 순찰 횟수가 더 많은 것으로 나타났다. 그리고 전자 중 타인지향적 동기를 말한 사람들의 순찰 횟수가 그렇지 않은 사람들보다 유의미하게 많은 것으로 나타났다. A는 이를 토대로 　(가)　고 추정하였다.

① 자기지향적 동기만 가진 사람은 타인지향적 동기만 가진 사람보다 행위의 적극성이 높다
② 타인지향적 동기를 가진 사람은 자기지향적 동기를 가진 사람보다 행위의 적극성이 높다
③ 자기지향적 동기는 행위의 적극성에 긍정적 영향을 주기도 하고 부정적 영향을 주기도 한다
④ 자기지향적 동기가 행위의 적극성에 긍정적 영향을 주는 경우 타인지향적 동기는 부정적 영향을 준다

01 (가)에 들어갈 말로 가장 적절한 것은? 2022 지방직 7급

문제제기

자기지향적 동기와 타인지향적 동기는 행위의 적극성과 어떤 관계가 있을까? A는 자율

방범대원들에게 이 일의 자원 동기에 대해 물어보았다. 자기지향적 동기만 말한 사람과 타

실험과정

인지향적 동기만 말한 사람, 그리고 둘 다 말한 사람이 고르게 분포되었다. 그 후 설문에

실험 결과 ✿✿✿

참여한 사람들이 2개월간 방범 순찰에 참여한 횟수를 살펴보았다. 그 결과 자기지향적 동

①

기를 말한 사람들 모두가 자기지향적 동기를 말하지 않은 사람들보다 순찰 횟수가 더 많은

②

것으로 나타났다. 그리고 전자 중 타인지향적 동기를 말한 사람들의 순찰 횟수가 그렇지

않은 사람들보다 유의미하게 많은 것으로 나타났다. A는 이를 토대로 ☐ (가) ☐ 고 추정하

스스로 예측=???

였다.

A   B

① 자기지향적 동기만 가진 사람은 타인지향적 동기만 가진 사람보다 행위의 적극성이 높다

B+C   A+C

② 타인지향적 동기를 가진 사람은 자기지향적 동기를 가진 사람보다 행위의 적극성이 낮다

낮

③ 자기지향적 동기는 행위의 적극성에 긍정적 영향을 주기도 하고 부정적 영향을 주기도 한다 →미언급의 오류

④ 자기지향적 동기가 행위의 적극성에 긍정적 영향을 주는 경우 타인지향적 동기는 부정적

영향을 준다 →미언급의 오류

자기지향 타인지향

A   C   B

① A + C > B (순찰횟수)

② C > A (순찰횟수)

DAY 09 亦功 단수 빈칸 추론 문제 훈련

01 빈칸 [A]에 들어갈 말을 추론한 것으로 옳은 것은?

> 종래의 철학자들은 진리의 기준이 '주체'가 아니라 '외부 세계'에 존재하는 것이라 여겼다. 따라서 그들은 고정된 자리에서 사물들을 관찰하는 것에 머물렀다. 그들은 인식이나 지식은 '외부 사물'에 대한 앎이라고 하며 앎의 근원은 외부에 있고 모든 앎이 정신 활동의 바깥에서 온다는 것은 만고불변의 진리라고 하였다.
>
> 그러나 칸트는 자신의 생각을 '코페르니쿠스적 전환'이라고 칭하면서 전통적인 인식론을 완전히 뒤집어놓았다. 그에게는 사물이 고정되어 있으며 주체가 그 사물 주변을 도는 존재이다. 사물은 주체의 움직임에 따라 달리 관찰되며, 변화하지 않는 것은 사물이 아니라 시간과 공간이 된다. 이에 그는 전통적 인식론자와 달리 ([A]   ). 이는 전통적 인식론자들과 정반대의 사고방식이었으며, 이로써 칸트는 자신의 철학적 사고 전환을 코페르니쿠스적 전환으로 표현했던 것이다.

① 주체를 이해하여 사물을 이해하고자 했다
② 객체를 이해하여 지식을 얻고자 했다
③ 코페르니쿠스에 대한 이해를 바탕으로 사물을 이해했다
④ 사물의 외부를 이해함으로써 지식을 얻고자 했다

1. 정답인 이유

2. 틀린 답인 이유(나의 약점)

02 ㉠에 들어갈 말로 적절한 것은?

> 학교폭력은 학생 간에 일어나는 사건이며 학교 안이나 밖에서 발생하더라도 학교에서 사건을 처리하는 것이 원칙이다. 이러한 특성 때문에 학교폭력이 발생했을 경우 학교 측에서는 처리와 대응에 초점을 맞춘 방안을 발전시켜 왔다. 주로 학교폭력이 발생한 후에 교사가 사건처리를 할 수 있는 역량을 교육하는 식이다. 그렇지만 아직 학교폭력 발생 후 부모의 대응 방안 교육은 제대로 이루어지지 않고 있다. 자녀가 학교폭력에 연루되었을 경우 부모가 어떻게 노력해야 하는지를 교육할 필요성이 대두되고 있다.
>
> 대부분의 피해 학생 부모는 자녀의 피해 사실을 인지한 후 교사에게 도움을 요청하거나 가해 학생과 만나 직접 문제를 해결하려 시도한다. 하지만 일부 부모들은 적절한 대응 방법을 알지 못해 부모 또한 패닉 상태에 빠지기도 한다. 학교폭력 피해 학생을 위해서 부모의 전폭적인 지지와 현명한 대처가 매우 중요하다. 교사가 도움을 주는 데에는 한계가 있기 때문에 부모의 지지와 객관적 반응이 학교에 적응하고 피해 상황을 해결하는 데에 도움이 된다는 것이다.
>
> 따라서 (㉠   )

① 부모를 대상으로 하는 교육적 개입이 강화되어야 한다.
② 가해 학생 부모에게만 대응 방안 교육을 제공해야 한다.
③ 학교폭력 발생 후 교사의 역할이 더 중요하다.
④ 학교 측에서 더욱 강력한 규제를 도입해야 한다.

1. 정답인 이유
2. 틀린 답인 이유(나의 약점)

03 다음 글의 맥락을 고려할 때 빈칸에 들어갈 말로 가장 적절한 것은?

> 여론조사의 신뢰성에 관한 논의가 활발하게 이루어지고 있다. 2021년에 발표된 징벌적 손해배상제 도입과 관련된 5개 여론조사 결과에서 '찬성' 의견 비율은 43%에서 80% 사이로 큰 편차가 나타났다. 이러한 편차에는 다양한 원인이 있을 수 있겠으나 조사 시기나 방식, 표현 방법의 차이가 주된 요인으로 거론되고 있다. 한 기관의 전화 면접 조사에서는 찬성 비율이 43% 정도로 비교적 낮게 나왔으나, ARS 방식의 여론조사에서는 찬성 비율이 50% 이상으로 나타났다. 이외에도 여론조사의 설문지 작성 방식과 질문의 순서나 표현 방법도 조사 결과에 영향을 줄 수 있다. 설문지에 들어간 [   ] 응답자의 의견을 특정 방향으로 유도할 가능성이 있다는 지적이 제기되고 있다. 이러한 문제를 해결하기 위해 여론조사의 투명성을 높이고, 여론조사 감독을 강화하는 등 제도적 보완이 필요하다.

① 미사여구의 길이와 폰트 스타일이
② 배경 색상과 폰트 스타일이
③ 조사자의 말투와 대화 방식이
④ 특정 표현이나 질문의 순서가

1. 정답인 이유
2. 틀린 답인 이유(나의 약점)

Chapter
------------+
02 복수 빈칸 추론

정답 및 해설 p.188

TYPE 1 **복수 빈칸 추론 Pick!**

01 다음 글의 ㉠~㉢에 들어갈 말을 적절하게 나열한 것은? 2025 인혁처 샘플

소설과 현실의 관계를 온당하게 살피기 위해서는 세계의 현실성, 문제의 현실성, 해결의 현실성을 구별해야 한다. 우리가 살고 있는 이 입체적인 시공간에서 특히 의미 있는 한 부분을 도려내어 서사의 무대로 삼을 경우 세계의 현실성이 확보된다. 그 세계 안의 인간이 자신을 둘러싼 세계와 고투하면서 당대의 공론장에서 기꺼이 논의해볼 만한 의제를 산출해낼 때 문제의 현실성이 확보된다. 한 사회가 완강하게 구조화하고 있는 '가능한 것'과 '불가능한 것'의 좌표를 흔들면서 특정한 선택지를 제출할 때 해결의 현실성이 확보된다.

최인훈의 「광장」은 밀실과 광장 사이에서 고뇌하는 주인공의 모습을 통해 '남(南)이냐 북(北)이냐'라는 민감한 주제를 격화된 이념 대립의 공론장에 던짐으로써 [ ]을 확보하였다. 작품의 시공간으로 당시 남한과 북한을 소설적 세계로 선택함으로써 동서 냉전 시대의 보편성과 한반도 분단 체제의 특수성을 동시에 포괄할 수 있는 [ ]도 확보하였다. 「광장」에서 주인공이 남과 북 모두를 거부하고 자살을 선택하는 결말은 남북으로 상징되는 당대의 이원화된 이데올로기를 근저에서 흔들었다. 이로써 [㉢]을 확보할 수 있었다.

	㉠	㉡	㉢
①	문제의 현실성	세계의 현실성	해결의 현실성
②	문제의 현실성	해결의 현실성	세계의 현실성
③	세계의 현실성	문제의 현실성	해결의 현실성
④	세계의 현실성	해결의 현실성	문제의 현실성

복수 빈칸 추론 Pick!

01 다음 글의 ㉠~㉢에 들어갈 말을 적절하게 나열한 것은? 2025 인혁처 샘플

소설과 현실의 관계를 온당하게 살피기 위해서는 세계의 현실성, 문제의 현실성, 해결의 현실성을 구별해야 한다. 우리가 살고 있는 이 입체적인 시공간에서 특히 의미 있는 한 부분을 도려내어 서사의 무대로 삼을 경우 세계의 현실성이 확보된다. 그 세계 안의 인간이 자신을 둘러싼 세계와 고투하면서 당대의 공론장에서 기꺼이 논의해볼 만한 의제를 산출해낼 때 문제의 현실성이 확보된다. 한 사회가 완강하게 구조화하고 있는 '가능한 것'과 '불가능한 것'의 좌표를 흔들면서 특정한 선택지를 제출할 때 해결의 현실성이 확보된다.

최인훈의 「광장」은 밀실과 광장 사이에서 고뇌하는 주인공의 모습을 통해 '남(南)이냐 북(北)이냐'라는 민감한 주제를 격화된 이념 대립의 공론장에 던짐으로써 ㉠ 을 확보하였다. 작품의 시공간으로 당시 남한과 북한을 소설적 세계로 선택함으로써 동서 냉전 시대의 보편성과 한반도 분단 체제의 특수성을 동시에 포괄할 수 있는 ㉡ 도 확보하였다. 「광장」에서 주인공이 남과 북 모두를 거부하고 자살을 선택하는 결말은 남북으로 상징되는 당대의 이원화된 이데올로기를 근저에서 흔들었다. 이로써 ㉢ 을 확보할 수 있었다.

	㉠	㉡	㉢
①	문제의 현실성	세계의 현실성	해결의 현실성
②	문제의 현실성	해결의 현실성	세계의 현실성
③	세계의 현실성	문제의 현실성	해결의 현실성
④	세계의 현실성	해결의 현실성	문제의 현실성

亦功신공 빨리 푸는 전략!

○ 1단계

첫 번째 빈칸 (가)는
앞뒤 맥락을 보고
내 스스로 예측하기

○ 2단계

선지에서 (가)에만
집중해서
내 스스로 예측한 것과
가장 유사한 선지를 고르기

유사하지 않은 (가)의
선지는 아예 소거하기

○ 3단계

소거하지 않은 선지의
(나) 후보들을 미리 보기

○ 4단계

두번째 빈칸 (나)의
초점이 맞는 선지를 고르기

01 다음 글의 맥락을 고려할 때 빈칸에 들어갈 말로 가장 적절한 것은?

지역이나 국가 사이의 경계는 강이나 호수, 사막, 그리고 산맥을 따라서 나타나는 것이 일반적이다. 이 중에서도 강을 중심으로 형성된 경계가 가장 이상적인 것처럼 보인다. 넓은 강은 분명하게 지역을 구획할 뿐만 아니라 모양을 바꾸지 않는 것처럼 보이기 때문이다. 그런데 실제로는 강을 따라서 형성된 경계가 자연적으로 변하는 현상이 빈번하게 나타난다. 예를 들어 ___(가)___로 있었던 강이 사라지거나 강의 면적이 달라지는 경우가 있다. 또한 대홍수 이후에는 강의 경로가 변하여 국가의 경계를 바꾸기도 한다. 대표적인 사례는 미국과 멕시코의 경계를 나누는 리오그란데강이 있다. 이 강은 빈번하게 경로를 바꾸어서 ___(나)___에 문제를 일으킨다. 이처럼 강이 지리적 경계를 확립할 때 가장 합리적인 수단처럼 보이지만 실제로는 두 국가 사이의 관계에서 그리 이상적이지 않은 경우가 많다.

① (가): 지역사회의 수자원 관리 전략 변화
　(나): 양국 간의 무역과 관련된 이해관계
② (가): 퇴적물의 이동이나 자연재해
　(나): 국경이나 영토와 관련된 이해관계
③ (가): 지역사회의 수자원 관리 전략 변화
　(나): 국경이나 영토와 관련된 이해관계
④ (가): 퇴적물의 이동이나 자연재해
　(나): 양국 간의 무역과 관련된 이해관계

01 다음 글의 맥락을 고려할 때 빈칸에 들어갈 말로 가장 적절한 것은?

지역이나 국가 사이의 경계는 강이나 호수, 사막, 그리고 산맥을 따라서 나타나는 것이 일반적이다. 이 중에서도 강을 중심으로 형성된 경계가 가장 이상적인 것처럼 보인다. 넓은 강은 분명하게 지역을 구획할 뿐만 아니라 모양을 바꾸지 않는 것처럼 보이기 때문이다. 그런데 실제로는 강을 따라서 형성된 경계가 자연적으로 변하는 현상이 빈번하게 나타난

└→ 스스로 예측=자연적인 이유 ┘

다. 예를 들어 [(가)   ]로 있었던 강이 사라지거나 강의 면적이 달라지는 경우가 있다. 또한 대홍수 이후에는 강의 경로가 변하여 국가의 경계를 바꾸기도 한다. 대표적인 사례는 미국과 멕시코의 경계를 나누는 리오그란데강이 있다. 이 강은 빈번하게 경로를 바꾸어서 [(나)   ]에 문제를 일으킨다. 이처럼 강이 지리적 경계를 확립할 때 가장 합리적인 수단

└→ 국가의 경계

처럼 보이지만 실제로는 두 국가 사이의 관계에서 그리 이상적이지 않은 경우가 많다.

① (가): 지역사회의 수자원 관리 전략 변화

　(나): 양국 간의 무역과 관련된 이해관계

② (가): 퇴적물의 이동이나 자연재해

　(나): 국경이나 영토와 관련된 이해관계 2번째 (나)는 미리 보고 제시문 확인하기

③ (가): 지역사회의 수자원 관리 전략 변화

　(나): 국경이나 영토와 관련된 이해관계

④ (가): 퇴적물의 이동이나 자연재해

　(나): 양국 간의 무역과 관련된 이해관계 2번째 (나)는 미리 보고 제시문 확인하기

DAY

10

亦(역)功(공) 복수 빈칸 추론 문제 훈련

01 다음 글의 맥락을 고려할 때 빈칸에 들어갈 말로 가장 적절한 것은?

> 트라우마가 ［ (가) ］되는 것을 막기 위해서는 트라우마를 경험한 직후 다른 활동을 함으로써 주의를 환기하는 것이 중요하다. 2009년에 이루어진 한 심리학 실험에서 한 집단의 사람들은 '치명적인 사고 장면이 담긴 열한 개의 영상'을 다루고 있는 비디오를 시청하였다. 이는 트라우마를 유발하기 위한 실험이었는데 피실험자들은 영상을 본 이후 실제로 트라우마를 경험하였다. 심리학자는 피실험자들이 30분 기다리게 한 이후 참가자 중 절반은 10분 동안 블록을 맞추는 비디오 게임을 하게 한 반면 나머지 절반은 가만히 앉아 있도록 하였다.
>
> 피실험자들은 일주일 동안 매일 한 번씩 기억나는 비디오 장면들을 회상하였다. 비디오를 본 이후 가만히 앉아 있었던 사람들은 평균 6개 이상의 장면을 떠올렸으나 게임을 했던 사람들은 평균 3개 이하의 장면을 떠올렸다. 이러한 실험 결과는 비디오 게임이 트라우마를 유발하는 초기 기억이 ［ (나) ］을 막을 수 있음을 시사한다. 피실험자들은 실험실로 돌아와 심리검사를 받았는데 영상을 시청한 이후 가만히 있었던 사람들은 게임을 한 사람들에 비해 많은 정신병적 증상을 호소하였다. 이는 게임이 ［ (다) ］ 역할을 했음을 보여준다.

	(가)	(나)	(다)
①	유연화	저장되는 것	인지적 백신
②	고착화	소실되는 것	물리적 백신
③	유연화	소실되는 것	물리적 백신
④	고착화	저장되는 것	인지적 백신

---

1. 정답인 이유

_____

_____

2. 틀린 답인 이유(나의 약점)

_____

_____

02 다음 글의 맥락을 고려할 때 빈칸에 들어갈 말로 가장 적절한 것은?

최근 공기업의 ⎡ (가) ⎤ 하였는데 4년 전과 비교하면 절반 수준이다. 하지만 무기계약직 채용은 되레 증가해 공기업 취업을 꿈꾸는 청년들은 어려움을 겪고 있다. 고졸 인재 채용 TO는 2019년 2,180명에서 2023년은 3분기까지 339명으로 급격히 감소하였다. 그런데 공기업의 재무 상태를 보면 채용 인원을 다시 확대하는 것도 쉽지 않을 것으로 전망된다. 한국철도공사, 한국전력 등 주요 공기업의 부채는 역대 최대치를 기록하고 있다. 이들 기업은 재무구조 개선을 위해 보유 자산을 매각하고 있다. 하지만 주요 공기업의 부채가 모두 671억 원 정도로 전망된다. 따라서 ⎡ (나) ⎤ 등 근본적인 해결책이 필요하다는 의견도 제시되고 있다. 부채가 과도하게 누적될 수밖에 없는 구조를 개선하여 '팔면 팔수록 적자가 나는' 상황을 타개해야 한다는 것이다.

① (가): 비정규직 신규 채용이 급감
　　(나): 추가 자산 매각
② (가): 비정규직 신규 채용이 급감
　　(나): 공공요금 인상
③ (가): 정규직 신규 채용이 급감
　　(나): 추가 자산 매각
④ (가): 정규직 신규 채용이 급감
　　(나): 공공요금 인상

---

1. 정답인 이유

_____

_____

_____

2. 틀린 답인 이유[나의 약점]

_____

_____

_____

박혜선 국어
독해 신유형 공부

PART

06

화법, 작문

Chapter

01 [화법] 말하기 방식

화법이란 문장이나 담화에서 남의 말을 인용하여 재현하는 방법을 의미합니다.

요즘 대화 참여자들의 말하기 방식을 물어보는 문제가

매년 매 직렬 1~2문제씩 반드시 나오는 추세이므로

이 유형은 0순위 최빈출이라고 볼 수 있습니다.

대본 문제가 나오는 경우 가장 중요한 방향은

1) 화법 필수 이론을 먼저 강의를 통해 배우고

2) 이를 적용하는 것입니다.

이제부터 말하기 방식의 선택지에 나올 수 있는 개념을 익혀 봅시다.^^

독해신공! 이론 [화법] 말하기 방식

1 언어적 표현

- 비언어(非言語)적 표현 : 언어가 아닌 표정, 몸짓, 눈짓 등으로 생각이나 감정을 드러내는 것

- 반언어(半言語)적 표현 : 언어의 반(半)으로 강약, 높낮이, 억양 등으로 생각이나 감정을 드러내는 것

2 공감적 듣기의 방법

개념		대화 상대의 말을 분석하고 비판하기보다는 일단 상대방의 관점에서 문제를 바라보고 이해하며 공감하는 듣기
종류	소극적인 들어 주기	상대방에게 관심을 표명하면서 상대방이 대화를 계속 이어 갈 수 있도록 대화의 맥락을 조절하며 격려하는 것이다. 예 적절하게 눈 맞추기, 고개 끄덕임, 맞장구, 미소 짓는 표정, 상대방이 말한 주요 어휘나 표현 반복하기, 대화를 잇거나 내용을 정확히 이해하기 위한 말이나 질문하기 (몸을 돌려 눈을 맞추며) 정말? 어떻게 그렇게 된 거야? 어어 그래서?
	적극적인 들어 주기	상대방의 말을 요약·정리(재진술)하고 반영하여 상대방이 스스로 문제를 해결할 수 있도록 돕는 것이다. 예 그러니까 너의 말은 수정이가 저번 너의 행동에 서운해서 지금 너와 대화를 하기 싫어한다는 것이구나.

❸ 직접 발화와 간접 발화

구분	개념 및 예시
직접 발화	문장의 종류(평서문, 의문문, 명령문, 청유문, 감탄문)와 화자의 의도가 일치하는 발화 예 A : 팀장님, 오늘 회의 내용을 요약 정리해서 메일로 공유하면 되겠지요? 　　B : (고개를 끄덕이며) 맞습니다. 　　　　　　　　　　　　　　　　　　　　　　　　　　　　　　　– 2022 지방직 9급 <table><tr><td>문장의 종류</td><td>의문문</td></tr><tr><td>화자의 의도</td><td>의문문(그렇게 하면 되는지 허락을 묻고 있음)</td></tr></table> 예 운용 : 설탕세를 부과하면 당 소비가 감소한다고 믿을 만한 근거가 있니? 　　은지 : 세계보건기구 보고서를 보면 당이 포함된 음료에 설탕세를 부과하면 이에 비례해 소비가 감소한다고 나와 　　　　　있어. <table><tr><td>문장의 종류</td><td>의문문</td></tr><tr><td>화자의 의도</td><td>의문문(진짜 근거가 궁금한 것)</td></tr></table>
간접 발화	문장의 종류(평서문, 의문문, 명령문, 청유문, 감탄문)와 의도가 일치하지 않는 발화 예 김 주무관 : 그런데 어떻게 준비해야 효과적으로 전달할 수 있을지 고민이에요. 　　최 주무관 : 설명회에 참여할 청중 분석이 먼저 되어야겠지요. 　　　　　　　　　　　　　　　　　　　　　　　　　　　　　　　– 2023 지방직 9급 <table><tr><td>문장의 종류</td><td>평서문</td></tr><tr><td>화자의 의도</td><td>의문문(어떻게 준비해야 효과적으로 전달할 수 있을까?)</td></tr></table> 예 예은 씨. 그런데 개조식으로 회의 내용을 요약하는 방식에는 문제가 있지 않을까요? 　　　　　　　　　　　　　　　　　　　　　　　　　　　　　　　– 2022 지방직 9급 <table><tr><td>문장의 종류</td><td>의문문</td></tr><tr><td>화자의 의도</td><td>명령문(개조식으로 요약하지 마라.)</td></tr></table>

亦功신공 빨리 푸는 전략!

○ 1단계

화법의 말하기 방식은
긍정 발문이든
부정 발문이든 간에
선지를 먼저 읽고
힌트를 얻기
(단 자신의 기준에서
선지가 너무 복잡하다
싶으면
제시문 먼저 읽기)

○ 2단계

선지에서
바로 소거할 수 있는
형식적인 선지는
바로 소거하기

○ 3단계

바로 소거할 수 없는
내용 선지는
나중에 소거하되,

제시문을 읽을 때에는
찬성인지 반대인지
내용적인 측면을
확인하며 읽기

01 다음 대화를 분석한 내용으로 가장 적절한 것은? 2025 인혁처 샘플

> 갑 : 전염병이 창궐했을 때 마스크를 착용하는 것은 당연한 일인데, 그것을 거부하는 사람이 있다니 도대체 이해가 안 돼.
>
> 을 : 마스크 착용을 거부하는 사람들을 무조건 비난하지 말고 먼저 왜 그러는지 정확하게 이유를 파악하는 것이 필요해.
>
> 병 : 그 사람들은 개인의 자유가 가장 존중받아야 하는 기본권이라고 생각하기 때문일 거야.
>
> 갑 : 개인의 자유로운 선택이 타인의 생명을 위협한다면 기본권이라 하더라도 제한하는 것이 보편적 상식 아닐까?
>
> 병 : 맞아. 개인이 모여 공동체를 이루는데 나의 자유만을 고집하면 결국 사회는 극단적 이기주의에 빠져 붕괴하고 말 거야.
>
> 을 : 마스크를 쓰지 않는 행위를 윤리적 차원에서만 접근하지 말고, 문화적 차원에서도 고려할 필요가 있어. 어떤 사회에서는 얼굴을 가리는 것이 범죄자의 징표로 인식되기도 해.

① 화제에 대해 남들과 다른 측면에서 탐색하는 사람이 있다.
② 자신의 의견이 반박되자 질문을 던져 화제를 전환하는 사람이 있다.
③ 대화가 진행되면서 논점에 대한 찬반 입장이 바뀌는 사람이 있다.
④ 사례의 공통점을 종합하여 자신의 주장을 강화하는 사람이 있다.

01 다음 대화를 분석한 내용으로 가장 적절한 것은? 2025 인혁처 샘플

화제

갑 : 전염병이 창궐했을 때 마스크를 착용하는 것은 당연한 일인데, 그것을 거부하는 사람이

있다니 도대체 이해가 안 돼. → 마스크 착용 찬성

을 : 마스크 착용을 거부하는 사람들을 무조건 비난하지 말고 먼저 왜 그러는지 정확하게

이유를 파악하는 것이 필요해. → 마스크 미착용의 이유

병 : 그 사람들은 개인의 자유가 가장 존중받아야 하는 기본권이라고 생각하기 때문일 거야.

갑 : 개인의 자유로운 선택이 타인의 생명을 위협한다면 기본권이라 하더라도 제한하는 것이

보편적 상식 아닐까?

→ 윤리적 측면에서 탐색

병 : 맞아. 개인이 모여 공동체를 이루는데 나의 자유만을 고집하면 결국 사회는 극단적

이기주의에 빠져 붕괴하고 말 거야. → 마스크 착용 찬성

을 : 마스크를 쓰지 않는 행위를 (윤리적 차원에서만 접근하지 말고,) 문화적 차원에서도 → 문화적 측면에서 탐색

고려할 필요가 있어. 어떤 사회에서는 얼굴을 가리는 것이 범죄자의 징표로 인식되

기도 해. → 다른 측면에서 탐색

① 화제에 대해 남들과 다른 측면에서 탐색하는 사람이 있다. (○)

② 자신의 의견이 반박되자 / 질문을 던져 화제를 전환하는 사람이 있다.

③ 대화가 진행되면서 논점에 대한 찬반 입장이 바뀌는 사람이 있다.

④ 사례의 공통점을 종합하여 / 자신의 주장을 강화하는 사람이 있다.

02 다음 대화 상황을 분석한 내용으로 가장 적절한 것은?

> 혜영: 면접을 끝내고 '우리는 여러 후보자를 고려하고 있으니, 결과가 나오면 연락 드리겠습니다.'라는 말을 들었어. 아직 연락이 없어서 걱정돼.
>
> 상훈: 그 면접 결과를 기대하고 있는 거야?
>
> 혜영: 응, 나는 그 회사에서 꼭 일하고 싶거든. 면접관이 긍정적인 반응을 보여준 것 같아서 기대하고 있어. 그들이 내 능력과 경력을 높이 평가했다고 생각해.
>
> 상훈: 음, 보통 그런 상황에서는 면접관이 예의상 하는 말일 수도 있어. 그리고 그 회사는 지금 구조조정 중이라는 이야기도 있잖아. 지난번에 면접에서 경비 절감 질문이 많았다고 하지 않았어?
>
> 혜영: 그건 그렇긴 해. 하지만 제안한 업무에 대해 열정적으로 답했고 면접관도 내 답변에 만족하는 것 같았는데. 그분들이 나를 적임자로 판단하고 있는 게 아니었던 걸까?

① 혜영과 상훈은 면접 결과에 대해 긍정적인 반응이라는 의미로 동일하게 해석하고 있다.

② 혜영은 면접에서의 경비 절감 관련 질문을 자신의 능력에 대한 부정적 평가라고 판단하고 있다.

③ 상훈은 혜영이 지원한 회사가 구조조정 중이라는 점을 근거로 들어 면접 결과를 긍정적으로 보기는 어렵다고 이야기하고 있다.

④ 혜영은 면접관의 긍정적인 반응을 바탕으로 면접 결과에 대한 확신을 가지고 있다.

02 다음 대화 상황을 분석한 내용으로 가장 적절한 것은?

혜영: 면접을 끝내고 '우리는 여러 후보자를 고려하고 있으니, 결과가 나오면 연락 드리겠습니다.'라는 말을 들었어. 아직 연락이 없어서 걱정돼.

상훈: 그 면접 결과를 기대하고 있는 거야?

혜영: 응, 나는 그 회사에서 꼭 일하고 싶거든. 면접관이 긍정적인 반응을 보여준 것 같아서 기대하고 있어. 그들이 내 능력과 경력을 높이 평가했다고 생각해.

　　　긍정 평가 / 부정 평가

상훈: 음, 보통 그런 상황에서는 면접관이 예의상 하는 말일 수도 있어. 그리고 그 회사는 지금 구조조정 중이라는 이야기도 있잖아. 지난번에 면접에서 경비 절감 질문이 많았다고 하지 않았어?

혜영: 그건 그렇긴 해. 하지만 제안한 업무에 대해 열정적으로 답했고 면접관도 내 답변에 만족하는 것 같았는데. 그분들이 나를 적임자로 판단하고 있는 게 아니었던 걸까?

　　　긍정적 평가

① 혜영과 상훈은 면접 결과에 대해 긍정적인 반응이라는 의미로 동일하게 해석하고 있다.

② 혜영은 (면접에서의) 경비 절감 관련 질문을 자신의 능력에 대한 부정적 평가라고 판단하고 있다.

③ 상훈은 혜영이 지원한 회사가 구조조정 중이라는 점을 근거로 들어 면접 결과를 긍정적으로 보기는 어렵다고 이야기하고 있다.

　　　(O)　　　(O)

④ 혜영은 면접관의 긍정적인 반응을 바탕으로 면접 결과에 대한 확신을 가지고 있다.

　　　(O)

혜영이 발화 먼저 확인!

亦(역)功(공) [화법] 말하기 방식 문제 훈련

01 다음 대화에서 나타난 대화 참여자의 의사소통 방식으로 적절한 것은?

> 수진: 요즘 음주운전 사고가 끊이지 않아서 걱정이야. 나는 음주운전 양형 기준을 강화해서 음주 운전자를 강력하게 처벌해야 한다고 생각해.
>
> 언석: 음, 나는 사실 지금의 양형 기준이 충분하다고 봐. 문제는 처벌 수준이 아니라 사람들의 음주운전에 대한 인식과 교통 안전 문화가 부족한 것 아닐까?
>
> 수진: 하지만 현재 양형 기준은 너무 약한 것 같지 않아? 혈중 알코올농도가 0.03% 이상이면 경범죄, 0.2% 이상이면 중대범죄로 보고 있는데, 술을 마시고 운전했다는 사실 자체만으로도 처벌해야 하는 것 아닐까?
>
> 언석: 하지만 양형 기준만 강화한다고 해서 사람들의 인식이 바뀌지는 않을 것 같아. 오히려 교육과 홍보를 통해 음주 운전 인식을 개선하는 게 더 중요하지 않을까?
>
> 수진: 하지만 나는 처벌을 강화하면 사람들이 두려움을 느껴 음주운전을 덜 하게 될 거라고 봐.
>
> 언석: 그러면 너는 양형 기준이 어떻게 바뀌어야 한다고 생각해?
>
> 수진: 나는 혈중 알코올농도에 따라 처벌 수위를 다르게 할 게 아니라 음주운전을 했다면 무조건 강하게 처벌해야 한다고 봐.

① 자신의 구체적인 경험을 예로 들어 상대방을 설득하고 있는 사람이 있다.
② 현재의 구체적인 기준을 제시하며 자신의 주장을 말하고 있는 사람이 있다.
③ 상대의 말에 동의하며 상대의 체면을 세워주고 있는 사람이 있다.
④ 대화의 화제를 바꾸며 발언을 이어나가고 있는 사람이 있다.

1. 정답인 이유

_____

_____

2. 틀린 답인 이유(나의 약점)

_____

_____

02 다음에 대한 설명으로 적절하지 않은 것은?

진행자 :	안녕하십니까? 오늘은 '노키즈존'에 이어 새로이 유행하기 시작한 '케어키즈존'에 대한 의견을 들어보겠습니다. 먼저, 한국 대학교 박○○ 교수입니다. 안녕하세요? 케어키즈존에 대해 설명해 주실 수 있으시겠습니까?
박 교수 :	네 안녕하십니까? 케어키즈존은 기존의 노키즈 존과 다르게 자녀를 동반할 수 있는 사업체를 의미합니다. 그러나 보호자에게 아이를 돌봐야 하는 책임을 강조하는 것이 특징입니다.
진행자 :	그렇다면 케어키즈존은 어떤 계기로 발생하게된 것일까요?
박 교수 :	지난 2017년 국가인권위원회는 13세 이하의 아동의 사업체 이용을 일률적으로 제한하는 것은 합리적인 이유가 없는 차별 행위라고 판단한 바가 있습니다. 노키즈존이 차별적이라는 논란이 일자 새롭게 등장한 것으로 보입니다.
진행자 :	상당히 온화하게 경고를 하는 것이다. 이렇게 판단해도 될까요?
박 교수 :	네, 그렇습니다. 노키즈존이라는 극단적인 운영 방침이 아니라, 동행한 보호자가 자녀들을 '케어'할 것을 당부하고 있기에 노키즈존에 비해 부담감이 적습니다.
진행자 :	오늘 말씀 감사합니다. 다음 시간에도 좋은 말씀 부탁드리겠습니다.

① 진행자는 박 교수에게 담화 대상에 대한 소개를 요청하며 인터뷰를 시작하고 있다.
② 박 교수는 신뢰도가 높은 자료를 인용하여 자신의 견해를 보충하고 있다.
③ 진행자는 자신이 이해한 내용이 맞는지 물으며 인터뷰를 이어 나가고 있다.
④ 진행자는 상대방의 발언에 적극 동조하며 다음 인터뷰를 기약하고 있다.

PART

06

1. 정답인 이유

2. 틀린 답인 이유(나의 약점)

Chapter

02 [작문] 문장 고쳐 쓰기

작문이란 '학습자가 자기의 감상이나 생각을 글로써 표현하는 산문'을 의미합니다.

2025년에 혜성같이 떠오르는 0순위 최빈출 작문 유형은 '문장 고쳐 쓰기'입니다.

2025 인사혁신처 샘플에서는 **1번 문제부터 '공문서 작성과 문장 고쳐 쓰기가 결합된 문제'**로 배치가 되었습니다.

이를 통해 **2025 출제기조가 정말 직무 능력 중심으로 변화됨**을 알 수 있습니다.

문법의 통사론과 문장 고쳐 쓰기 유형과 밀접한 관련을 맺기 때문에

1) 잘못된 어법의 문장을 고쳐 쓰는 이론을 암기하고

2) 이를 적용하는 연습을 해야 합니다.

독해신공! 이론 정태적 전개 방식

1 병렬 관계의 오류

• 1반 축구팀은 <u>불안한 수비와</u> 문전 처리가 <u>미숙하여</u> 2반 축구팀에 패배하였다. → <u>수비가 불안하고</u>

• 다문화 가정에 대한 <u>인식의 변화와</u> 관심이 <u>높아지고 있다.</u> → <u>인식이 변화되고</u>

2 문장 성분의 호응

주어와 서술어의 호응	• 내가 하고 싶은 말은 다름이 아니라, 아직 늦지 않았으니 새로 시작하기를 <u>바란다.</u> → <u>바란다는 것이다.</u>
목적어와 서술어의 호응	• 모든 사람은 한 사람의 자연인으로서의 <u>자유는</u> 물론이고 한 사람의 사회인으로서의 책임도 <u>질 줄 알아야</u> 한다. → <u>자유를 누리는 것은 물론이고</u>
부사어와 서술어의 호응	• 짐승도 은혜를 알거늘, <u>하물며</u> 사람이 은혜를 <u>알아야 한다.</u> → <u>모르랴(모르겠는가)</u> • <u>모름지기</u>(마땅히, 당연히, 반드시) 사람은 항상 모든 것을 <u>공부한다.</u> → <u>공부해야 한다.</u> • 그 사람은 <u>결코 우유부단한 사람이다.</u> → <u>우유부단한 사람이 아니다.</u> • <u>왜냐하면</u> 한국이 빠른 속도로 경제적 발전을 <u>이루었다는 것이다.</u> → <u>이루었기 때문이다.</u>
수식어와 피수식어의 호응	• <u>한결같이 어려운 이웃을 돕는</u> 사람들이 많습니다. → <u>어려운 이웃을 한결같이 돕는</u> ▶ '한결같이'가 '어려운'을 수식하는지, '돕는'을 수식하는지 모호하다.

3 문장 성분 갖추기

주어 갖추기	• 문학은 다양한 삶의 체험을 보여 주는 예술의 장르로서 문학을 즐길 예술적 본능을 지닌다. → 예술의 장르로서, 인간은 문학을 ▸ 앞 문장의 주어와 뒤 문장의 서술어가 호응하지 않으므로, 뒤 문장에 '인간은'이라는 주어가 필요하다. • 본격적인 공사가 언제 시작되고, 언제 개통될지 모른다. → 도로가 언제 개통될지 ▸ '개통될지'에 해당하는 주어는 '공사'가 아니므로 새로운 주어를 넣어야 한다.
목적어 갖추기	우리는 모두 그분을 존경하였고, 그분 또한 사랑하였다. → 그분 또한 우리를 사랑하였다. ▸ '사랑하다'는 타동사이므로 목적어 '우리를'을 넣어 주어야 한다.
관형어 갖추기	건우가 시험에 합격한 것은 기쁨이 되었다. → 우리의 기쁨이 ▸ '기쁨이'에 호응하는 관형어가 생략되어 누구의 기쁨이 된 것인지 분명하지 않다.
부사어 갖추기	인간은 환경을 지배하기도 하고, 때로는 순응하면서 산다. → 환경에 순응하기도 하면서 산다. ▸ '순응하다'는 필수 부사어를 갖는 동사이므로 부사어를 보충해야 하고, 앞문장이 '-기도 하고'의 구조이므로 뒷문장도 '~기도 하면서'의 구조를 갖추는 것이 자연스럽다.

01 〈공공언어 바로 쓰기 원칙〉에 따라 〈공문서〉의 ㉠~㉣을 수정한 것으로 적절하지 않은 것은? 2025 인혁처 샘플

― 〈공공언어 바로 쓰기 원칙〉 ―

• 중복되는 표현을 삼갈 것.
• 대등한 것끼리 접속할 때는 구조가 같은 표현을 사용할 것.
• 주어와 서술어를 호응시킬 것.
• 필요한 문장 성분이 생략되지 않도록 할 것.

― 〈공문서〉 ―

한국의약품정보원

수신 국립국어원
(경유)
제목 의약품 용어 표준화를 위한 자문회의 참석 ㉠ 안내 알림

1. ㉡ 표준적인 언어생활의 확립과 일상적인 국어 생활을 향상하기 위해 일하시는 귀원의 노고에 감사드립니다.
2. 본원은 국내 유일의 의약품 관련 비영리 재단법인으로서 의약품에 관한 ㉢ 표준 정보가 제공되고 있습니다.
3. 의약품의 표준 용어 체계를 구축하고 ㉣ 일반 국민도 알기 쉬운 표현으로 개선하여 안전한 의약품 사용 환경을 마련하기 위해 자문회의를 개최하니 귀원의 연구원이 참석해 주시기를 바랍니다.

① ㉠: 안내
② ㉡: 표준적인 언어생활을 확립하고 일상적인 국어 생활의 향상을 위해
③ ㉢: 표준 정보를 제공하고 있습니다.
④ ㉣: 의약품 용어를 일반 국민도 알기 쉬운 표현으로 개선하여

01 〈공공언어 바로 쓰기 원칙〉에 따라 〈공문서〉의 ㉠~㉣을 수정한 것으로 적절하지 않은 것은? 2025 인혁처 샘플

〈공공언어 바로 쓰기 원칙〉

• 중복되는 표현을 삼갈 것.

• 대등한 것끼리 접속할 때는 구조가 같은 표현을 사용할 것.

• 주어와 서술어를 호응시킬 것.

• 필요한 문장 성분이 생략되지 않도록 할 것.

〈공문서〉

한국의약품정보원

수신 국립국어원

(경유)

제목 의약품 용어 표준화를 위한 자문회의 참석 ㉠ <del>안내</del> 알림 ← 중복됨

---

1. ㉡ 표준적인 언어생활의 확립(과) 일상적인 국어 생활을 향상하기 위해 일하시는 귀원의

노고에 감사드립니다.

2. 본원은 국내 유일의 의약품 관련 비영리 재단법인으로서 의약품에 관한 ㉢ 표준 정보<del>가</del> 를
주어 ~~~~~
제공되고 있습니다. (의약품 용어를) → 필요한 문장 성분 생략됨
서술어

3. 의약품의 표준 용어 체계를 구축하고 ㉣ 일반 국민도 알기 쉬운 표현으로 개선하여 안전

한 의약품 사용 환경을 마련하기 위해 자문회의를 개최하니 귀원의 연구원이 참석해 주

시기를 바랍니다.

---

① ㉠: 안내 (O)

② ㉡: 표준적인 언어생활을 확립하고 일상적인 국어 생활의 <del>향상을 위해</del> ← 향상하기 위해

③ ㉢: 표준 정보를 제공하고 있습니다. (O)

④ ㉣: 의약품 용어를 일반 국민도 알기 쉬운 표현으로 개선하여 (O)

02 다음 글의 ㉠~㉣을 〈지침〉에 따라 수정하는 방안으로 적절하지 않은 것은?

2023 지방직 7급

제목: ㉠△△시에서 개최하는 "△△시 취업 박람회"

1. 목적: ㉡지역 브랜드 홍보와 향토 기업 내실화로 지역 경제 활성화 도모
2. 행사 개요
   가. 일자: 2023. 11. 11.
   나. 장소: △△시청 세종홀
   다. 주요 행사: 구직자 상담 및 모의 면접, ㉢△△시 취업 지원 센터 활동 보고
3. 신청 방식: ㉣온라인 신청서 접수

─[지침]─
• 제목을 중복된 표현 없이 간결하게 쓴다.
• 목적과 행사 개요를 행사의 주요 대상인 지역민과 지역 기업을 중심으로 작성한다.
• 신청할 수 있는 방식을 다양하게 제시한다.

① ㉠을 '△△시 취업 박람회 개최'로 수정한다.
② ㉡을 '지역민의 취업률 제고'로 수정한다.
③ ㉢을 '△△시 소재 기업의 일자리 홍보'로 수정한다.
④ ㉣을 '행사 10일 전까지 시청 누리집에 신청서 업로드'로 수정한다.

02 다음 글의 ㉠~㉣을 〈지침〉에 따라 수정하는 방안으로 적절하지 않은 것은?

2023 지방직 7급

제목: ㉠ △△시~~에서~~ 개최하는 "△△시 취업 박람회"

1. 목적: ㉡ 지역 브랜드 홍보와 향토 기업 내실화로 지역 경제 활성화 도모

2. 행사 개요

   가. 일자: 2023. 11. 11.

   나. 장소: △△시청 세종홀

   다. 주요 행사: 구직자 상담 및 모의 면접, ㉢ △△시 취업 지원 센터 활동 보고

3. 신청 방식: ㉣ 온라인 신청서 접수

〔지침〕

· 제목을 중복된 표현 없이 간결하게 쓴다.

· 목적과 행사 개요를 행사의 주요 대상인 지역민과 지역 기업을 중심으로 작성한다.

· 신청할 수 있는 방식을 다양하게 제시한다.

---

① ㉠을 '△△시 취업 박람회 개최'로 수정한다. →'△△시' 삭제 (O)

（O）

② ㉡을 '지역민의 취업률 제고'로 수정한다.

（O）

③ ㉢을 '△△시 소재 기업의 일자리 홍보'로 수정한다.

④ ㉣을 '행사 10일 전까지 시청 ~~누리집~~에 신청서 업로드'로 수정한다.

　↳ 다양하게 제시 X

DAY
12

亦(역)功(공) [작문] 문장 고쳐 쓰기 문제 훈련

01 〈공공언어 바로 쓰기 원칙〉에 따라 〈공문서〉의 ㉠~㉢을 수정한 것으로 적절하지 않은 것은?

───── 〈공공언어 바로 쓰기 원칙〉 ─────

• 불필요한 반복을 지양할 것.
• 필수적인 표현이 생략되지 않도록 유의할 것.
• 부사어와 서술어를 적절히 호응시킬 것.
• 전체적인 문장 구조에 맞게 표현할 것

───── 〈공문서〉 ─────
한국에너지절약공단

수신 전국 지방자치단체
(경유)
제목 에너지 절약 캠페인 협력 요청

────────────────────────────────

1. ㉠ 에너지 절약은 다시 재론할 필요가 없는 매우 중요한 문제입니다.
2. 본원은 에너지 절약 정신을 고취하여 ㉡ 보호하고자 합니다.
3. 모든 지방자치단체에서 ㉢ 모름지기 에너지 절약과 환경 보호에 동참해 주실 것을 요청드립니다.
4. ㉣ 에너지 절약을 위한 기술 개발을 한 후 지자체의 지원, 사회적 인식 변화가 필요합니다.

① ㉠: 에너지 절약은 재론할 필요가 없는
② ㉡: 환경을 보호하고자 합니다.
③ ㉢: 모름지기 에너지 절약에 힘쓰고 환경 보호에 동참해 주실 것을 요청드립니다.
④ ㉣: 에너지 절약을 위한 기술 개발,

📎
1. 정답인 이유
_____

_____

2. 틀린 답인 이유(나의 약점)
_____

_____

02 〈공공언어 바로 쓰기 원칙〉에 따라 〈공문서〉의 ㉠~㉣을 수정한 것으로 적절하지 않은 것은?

───────────── 〈공공언어 바로 쓰기 원칙〉 ─────────────

• 불필요한 중복을 피할 것.
• 문장의 구조를 고려하여 적절하게 연결할 것
• 필수적인 문장성분을 갖출 것.
• 수식어와 피수식어를 자연스럽게 호응시킬 것.

───────────── 〈공문서〉 ─────────────

한국교육과정개발원

수신 국립교육평가원
(경유)
제목 교육과정 개선을 위한 자문회의 참석 요청

─────────────────────────────────────

1. ㉠ 본원은 교육과정 개선을 위해 설립되었으며, 교육과정을 개선하는 데 중점을 두고 있습니다.
2. 4차 산업혁명의 발달에 따라 ㉡ 현행 교육과정을 재편할 필요가 있고 자문회의를 개최하고자 합니다.
3. ㉢ 교육과정 개선을 위해 참석해 주시기 바랍니다.
4. 자문회의를 통해 ㉣ AI시대 학생들의 역량 향상을 견인할 교육과정을 수립하고자 합니다.

① ㉠: 본원은 교육과정 개선을 위해 설립되었습니다.
② ㉡: 현행 교육과정을 재편하기 위하여
③ ㉢: 교육과정 개선을 위해 자문회의에 참석해 주시기 바랍니다.
④ ㉣: AI시대 학생들의 역량을 견인하고 이끌

1. 정답인 이유

2. 틀린 답인 이유(나의 약점)

03 〈공공언어 바로 쓰기 원칙〉에 따라 〈공문서〉의 ㉠~㉣을 수정한 것으로 적절하지 않은 것은?

───── 〈공공언어 바로 쓰기 원칙〉 ─────

- 주어와 서술어를 호응시킬 것
- 조사를 정확하게 쓸 것
- 필요한 문장 성분이 생략되지 않도록 할 것
- 번역투의 문장은 삼갈 것

───── 〈공문서〉 ─────

환경보호청

수신 국립환경연구소
(경유)
제목 환경 정책 업데이트 및 워크숍 참석 요청

─────────────────────────────

1. 국립환경연구소의 연구원 여러분의 노고에 진심으로 감사드립니다.
2. 귀 소의 연구는 국가 환경 정책 기틀 마련에 ㉠ 중요한 역할을 되고 있습니다.
3. 환경보호청은 환경 보호 및 지속 가능한 발전을 도모하기 위한 ㉡ 정책을 수립하고 이행하는 것을 전념하고 있습니다.
4. ㉢ 최신 환경 정책 개선안과 다양한 의견을 수렴하고자 워크숍을 개최합니다.
5. 이번 워크숍에서는 기후 변화 대응, 생태계 보호 등 다양한 주제에 대해 논의할 예정이니 많이 참석하셔서 ㉣ 귀중한 통찰을 제공해 주시기를 바랍니다.

① ㉠: 중요한 역할을 하고 있습니다.
② ㉡: 정책을 수립하고 이행하는 것에 전념하고 있습니다.
③ ㉢: 최신 환경 정책 개선안을 공유하고 다양한 의견을 수렴하고자
④ ㉣: 귀중한 통찰을 조성해 주시기를 바랍니다.

1. 정답인 이유

2. 틀린 답인 이유(나의 약점)

Chapter

03 [작문] 조건에 맞는 개요 작성

2025년에 혜성같이 떠오르는 0순위 최빈출 작문 유형은 '조건에 맞는 개요 작성'입니다.

2025 인사혁신처 샘플에서는 **'공문서 작성과 조건에 맞는 개요 작성이 결합된 문제'**로 배치가 되었습니다.

이를 통해 **2025 출제기조가 정말 직무 능력 중심으로 변화됨**을 알 수 있습니다.

이 문제 유형은

1) 출제자가 준 〈지침〉을 잘 파악하고

2) 〈지침〉과 〈개요〉를 1:1 대응하며 따져봐야 한다.

정답 및 해설 p.191

TYPE 1 **조건에 맞는 개요 작성 Pick!**

01 〈지침〉에 따라 〈개요〉를 작성할 때 ㉠~㉣에 들어갈 내용으로 적절하지 않은 것은? 2025 인혁처 샘플

〔지침〕
- 서론은 중심 소재의 개념 정의와 문제 제기를 1개의 장으로 작성할 것.
- 본론은 제목에서 밝힌 내용을 2개의 장으로 구성하되 각 장의 하위 항목끼리 대응되도록 작성할 것.
- 결론은 기대 효과와 향후 과제를 1개의 장으로 작성할 것.

〔개요〕
- **제목**: 복지 사각지대의 발생 원인과 해소 방안
- Ⅰ. 서론
  1. 복지 사각지대의 정의
  2. ┌─────────── ㉠ ───────────┐
- Ⅱ. 복지 사각지대의 발생 원인
  1. ┌─────────── ㉡ ───────────┐
  2. 사회복지 담당 공무원의 인력 부족
- Ⅲ. 복지 사각지대의 해소 방안
  1. 사회적 변화를 반영하여 기존 복지 제도의 미비점 보완
  2. ┌─────────── ㉢ ───────────┐
- Ⅳ. 결론
  1. ┌─────────── ㉣ ───────────┐
  2. 복지 사각지대의 근본적이고 지속가능한 해소 방안 마련

① ㉠: 복지 사각지대의 발생에 따른 사회 문제의 증가
② ㉡: 사회적 변화를 반영하지 못한 기존 복지 제도의 한계
③ ㉢: 사회복지 업무 경감을 통한 공무원 직무 만족도 증대
④ ㉣: 복지 혜택의 범위 확장을 통한 사회 안전망 강화

TYPE 1   조건에 맞는 개요 작성 Pick!

01 〈지침〉에 따라 〈개요〉를 작성할 때 ㉠~㉣에 들어갈 내용으로 적절하지 않은 것은? 2025 인혁처 샘플

─[지침]─
• 서론은 중심 소재의 개념 정의와 문제 제기를 1개의 장으로 작성할 것.

• 본론은 제목에서 밝힌 내용을 2개의 장으로 구성하되 각 장의 하위 항목끼리 대응되도록 작성할 것.

• 결론은 기대 효과와 향후 과제를 1개의 장으로 작성할 것.

─[개요]─
• 제목 : 복지 사각지대의 발생 원인과 해소 방안

I. 서론

1. 복지 사각지대의 정의

2. [㉠   ]

Ⅱ. 복지 사각지대의 발생 원인

1. [㉡   ]

2. 사회복지 담당 공무원의 인력 부족

Ⅲ. 복지 사각지대의 해소 방안

1. 사회적 변화를 반영하여 기존 복지 제도의 미비점 보완 ──

2. [㉢   ]

IV. 결론

1. [㉣   ]

2. 복지 사각지대의 근본적이고 지속가능한 해소 방안 마련

본론
2개의
장

Ⅱ.1은 Ⅲ.1과 대응

Ⅱ.2 는 Ⅲ.2와 대응

① ㉠ : 복지 사각지대의 발생에 따른 사회 문제의 증가 (문제제기 O)

② ㉡ : 사회적 변화를 반영하지 못한 기존 복지 제도의 한계 (Ⅱ.1과 대응이 잘 됨 O)

③ ㉢ : 사회복지 업무 경감을 통한 공무원 ~~직무~~ 만족도 증대 (Ⅱ.2 사회복지 담당 공무원 인력 부족 대응 X)

④ ㉣ : 복지 혜택의 범위 확장을 통한 사회 안전망 강화 (기대효과 O)

초점이 다름

○ **1단계**

〈지침〉의 조건이
㉠~㉣에
적용할 수 있도록
순서대로 나열되어
있음을 알기

○ **2단계**

첫 번째 지침 보고
㉠ 보고
두 번째 지침 보고
㉡ 보기

○ **3단계**

1) 상위 항목과
하위 항목이
적절한 포함관계를
갖는지 확인하기

2) 문제점의 원인과
해결방안이
1:1 대응이 되는지
확인하기

01 〈지침〉에 따라 〈개요〉를 작성할 때 ㉠~㉣에 들어갈 내용으로 적절하지 않은 것은?

─〔지침〕
• 서론은 중심 소재를 설명한 후 문제를 제기하는 형태로 구성할 것
• 본론은 제목에서 밝힌 내용을 2개의 장으로 구성하되 각 장의 하위 항목이 대응되도록 할 것
• 결론은 본론과의 호응을 고려하여 기대 효과와 향후 과제를 기술할 것

─〔개요〕
• 제목: 지방직 공무원 인기 하락의 원인과 처우 개선 방안
Ⅰ. 서론
　　1. 지방직 공무원과 국가직 공무원의 차이
　　2. (　㉠　)
Ⅱ. 지방직 공무원 인기 하락의 원인
　　1. 복지 감소와 낮은 임금 상승률
　　2. (　㉡　)
Ⅲ. 지방직 공무원 인력 확보방안
　　1. (　㉢　)
　　2. 악성 민원 발생 시 공무원 보호 체계 구축
Ⅳ. 결론
　　1. (　㉣　)
　　2. 지방직 공무원 위상 제고를 위한 지속적 노력 필요

① ㉠: 지방직 공무원 지원자 감소로 인한 행정서비스 질 저하 우려
② ㉡: 악성 민원인으로 인한 업무강도 증가
③ ㉢: 물가상승률을 반영한 임금인상으로 처우 개선
④ ㉣: 조직문화 개선을 통한 일과 삶의 균형 확보

01 〈지침〉에 따라 〈개요〉를 작성할 때 ㉠~㉢에 들어갈 내용으로 적절하지 않은 것은?

〔지침〕

• 서론은 중심 소재를 설명한 후 문제를 제기하는 형태로 구성할 것

• 본론은 제목에서 밝힌 내용을 2개의 장으로 구성하되 각 장의 하위 항목이 대응되도록

  할 것

• 결론은 본론과의 호응을 고려하여 기대 효과와 향후 과제를 기술할 것

〔개요〕

• 제목 : 지방직 공무원 인기 하락의 원인과 처우 개선 방안

Ⅰ. 서론

  1. 지방직 공무원과 국가직 공무원의 차이

  2. (㉠)

Ⅱ. 지방직 공무원 인기 하락의 원인

  1. 복지 감소와 낮은 임금 상승률

  2. (㉡)   Ⅱ.1은 Ⅲ.1과 대응

Ⅲ. 지방직 공무원 인력 확보방안

  1. (㉢)   Ⅱ.2 는 Ⅲ.2와 대응

  2. 악성 민원 발생 시 공무원 보호 체계 구축

Ⅳ. 결론

  1. (㉣)

  2. 지방직 공무원 위상 제고를 위한 지속적 노력 필요

본론 2개의 장

① ㉠ : 지방직 공무원 지원자 감소로 인한 행정서비스 질 저하 우려 (문제 제기 O)

② ㉡ : 악성 민원인으로 인한 업무강도 증가 (Ⅱ.2와 대응이 잘 됨O)

③ ㉢ : 물가상승률을 반영한 임금인상으로 처우 개선 (Ⅱ.1과 대응이 잘 됨O)

④ ㉣ : 조직문화 개선을 통한 일과 삶의 균형 확보

  지방직 공무원 인력 확보 방안과 관련 X

DAY
13

亦(역)功(공) [작문] 조건에 맞는 개요 작성 문제 훈련

01 〈지침〉에 따라 〈개요〉를 작성할 때 ㉠~㉣에 들어갈 내용으로 적절하지 않은 것은?

─[지침]─
- 서론은 중심 소재의 배경을 설명한 후 문제를 제기하는 형태로 구성할 것
- 본론은 제목에서 밝힌 내용을 2개의 장으로 구성하되 각 장의 하위 항목이 대응되도록 할 것
- 결론은 본론과의 호응을 고려하여 향후 과제를 기술할 것

─[개요]─
- 제목: 고령화 사회 노인복지의 문제점 및 개선 방안
- Ⅰ. 서론
    1. 한국 고령화 사회의 도래와 노인복지 수요 증가
    2. (㉠   )
- Ⅱ. 고령화 사회의 문제점
    1. 부양인구 증가와 노동인구 감소로 인한 복지재정 부담
    2. (㉡   )
- Ⅲ. 노인복지 증진을 위한 방안
    1. (㉢   )
    2. 독거노인, 빈곤노인 발굴을 통한 복지 사각지대 해소
- Ⅳ. 결론
    1. (㉣   )
    2. 노인복지 문제에 대한 지속적 관심 필요

① ㉠: 노인복지 예산 부족으로 인한 노인 삶의 질 악화
② ㉡: 빈곤 독거노인의 열악한 주거환경과 고독사 증가
③ ㉢: 저출산 해소를 위한 출산장려정책 확대
④ ㉣: 노인 일자리 확보를 위한 정책적 지원 필요

1. 정답인 이유

2. 틀린 답인 이유(나의 약점)

02 〈지침〉에 따라 〈연구 보고서 개요〉를 작성할 때 ㉠~㉣에 들어갈 내용으로 적절하지 않은 것은?

[지침]
• 서론은 주제의 배경과 중요성을 1개의 장으로 작성할 것
• 본론은 연구 주제와 관련된 주요 이슈들을 2개의 장으로 구성하되, 각 장의 내용이 상호 보완적이도록 할 것
• 결론은 연구 결과의 기대효과와 추후 연구 방향을 1개의 장으로 작성할 것

[개요]
• 제목 : 도시 교통 혼잡의 원인과 해결 방안
Ⅰ. 서론
　　1. 도시 교통 혼잡으로 인한 심각성
　　2. (　㉠　)
Ⅱ. 도시 교통 혼잡의 원인
　　1. (　㉡　)
　　2. 같은 출퇴근 시간으로 인한 혼잡
Ⅲ. 교통 혼잡의 해결 방안
　　1. 대중교통 증편을 통한 시스템 보완
　　2. (　㉢　)
Ⅳ. 결론
　　1. (　㉣　)
　　2. 효과적인 도시 교통 관리를 통한 도시 발전 전략 모색

① ㉠: 도시화에 따른 원활한 교통의 중요성
② ㉡: 도로 인프라 마비
③ ㉢: 대중교통 이용률 향상을 위한 정책적 지원
④ ㉣: 도시 교통 문제 해결을 통한 환경문제 개선

1. 정답인 이유

2. 틀린 답인 이유(나의 약점)

박혜선 국어
독해 신유형 공부

Chapter
01

현대 운문, 현대 산문

2025년에 혜성같이 떠오르는 0순위 최빈출 문학 유형은 '문학 + 독해 결합형'입니다.

과거에는 문학 작품을 준 후 문학작품의 해설이 맞는지 틀리는지를 물었다면

2025에는 문학 작품 그 자체가 아니라

해당 문학 작품을 제재로 한 비문학, 작품 정리 등이 출제되고 있습니다.

이 문제 유형은 특히 '현대 운문와 현대 산문'에 관련된 제재로 비문학 제시문을 준 유형으로

1) 대표 유형과 작가, 작품에 대해서 이해하고

2) 이를 적용하여 풀 수 있는가를 물어봅니다.

정답 및 해설 p.193

 TYPE 1 **현대 운문, 현대 산문 Pick!**

01 다음 글을 이해한 내용으로 가장 적절한 것은? 2025 인혁처 샘플

> 이육사의 시에는 시인의 길과 투사의 길을 동시에 걸었던 작가의 면모가 고스란히 담겨 있다. 가령, 「절정」은 크게 두 부분으로 나누어지는데, 투사가 처한 냉엄한 현실적 조건이 3개의 연에 걸쳐 먼저 제시된 후, 시인이 품고 있는 인간과 역사에 대한 희망이 마지막 연에 제시된다.
>
> 우선, 투사 이육사가 처한 상황은 대단히 위태로워 보인다. 그는 "매운 계절의 채찍에 갈겨 / 마침내 북방으로 휩쓸려" 왔고, "서릿발 칼날진 그 위에 서" 바라본 세상은 "하늘도 그만 지쳐 끝난 고원"이어서 가냘픈 희망을 품는 것조차 불가능해 보인다. 이러한 상황은 "한발 제겨디딜 곳조차 없다"는 데에 이르러 극한에 도달하게 된다. 여기서 그는 더 이상 피할 수 없는 존재의 위기를 깨닫게 되는데, 이때 시인 이육사가 나서면서 시는 반전의 계기를 마련한다.
>
> 마지막 4연에서 시인은 3연까지 치달아 온 극한의 위기를 담담히 대면한 채, "이러매 눈감아 생각해" 보면서 현실을 새롭게 규정한다. 여기서 눈을 감는 행위는 외면이나 도피가 아니라 피할 수 없는 현실적 조건을 새롭게 반성함으로써 현실의 진정한 면모와 마주하려는 적극적인 행위로 읽힌다. 이는 다음 행, "겨울은 강철로 된 무지갠가보다"라는 시구로 이어지면서 현실에 대한 새로운 성찰로 마무리된다. 이 마지막 구절은 인간과 역사에 대한 희망을 놓지 않으려는 시인의 안간힘으로 보인다.

① 「절정」에는 투사가 처한 극한의 상황이 뚜렷한 계절의 변화로 드러난다.

② 「절정」에서 시인은 투사가 처한 현실적 조건을 외면하지 않고 새롭게 인식한다.

③ 「절정」은 시의 구성이 두 부분으로 나누어지면서 투사와 시인이 반목과 화해를 거듭한다.

④ 「절정」에는 냉엄한 현실에 절망하는 시인의 면모와 인간과 역사에 대한 희망을 놓지 않으려는 투사의 면모가 동시에 담겨 있다.

TYPE 1   현대 운문, 현대 산문 Pick!

01 다음 글을 이해한 내용으로 가장 적절한 것은? 2025 인혁처 샘플

이육사의 시에는 시인의 길과 투사의 길을 동시에 걸었던 작가의 면모가 고스란히 담겨 있다. 가령, 「절정」은 크게 두

부분으로 나누어지는데, 투사가 처한 냉엄한 현실적 조건이 3개의 연에 걸쳐 먼저 제시된 후, 시인이 품고 있는 인간과

역사에 대한 희망이 마지막 연에 제시된다.

우선, 투사 이육사가 처한 상황은 대단히 위태로워 보인다. 그는 "매운 계절의 채찍에 갈겨 / 마침내 북방으로 휩쓸려"

왔고, "서릿발 칼날진 그 위에 서" 바라본 세상은 "하늘도 그만 지쳐 끝난 고원"이어서 가냘픈 희망을 품는 것조차 불가능

해 보인다. 이러한 상황은 "한발 제겨디딜 곳조차 없다"는 데에 이르러 극한에 도달하게 된다. 여기서 그는 더 이상 피할

수 없는 존재의 위기를 깨닫게 되는데, 이때 시인 이육사가 나서면서 시는 반전의 계기를 마련한다.

마지막 4연에서 시인은 3연까지 치달아 온 극한의 위기를 담담히 대면한 채, "이러매 눈감아 생각해" 보면서 현실을 새롭

게 규정한다. 여기서 눈을 감는 행위는 외면이나 도피가 아니라 피할 수 없는 현실적 조건을 새롭게 반성함으로써 현실의

진정한 면모와 마주하려는 적극적인 행위로 읽힌다. 이는 다음 행, "겨울은 강철로 된 무지갠가보다"라는 시구로 이어지면

서 현실에 대한 새로운 성찰로 마무리된다. 이 마지막 구절은 인간과 역사에 대한 희망을 놓지 않으려는 시인의 안간힘으로

보인다.

① 「절정」에는 투사가 처한 극한의 상황이 뚜렷한 계절의 변화로 드러난다. ('겨울'만 언급됨)

② 「절정」에서 시인은 투사가 처한 현실적 조건을 외면하지 않고 새롭게 인식한다. (O)

③ 「절정」은 시의 구성이 두 부분으로 나누어지면서 투사와 시인의 반목과 화해를 거듭한다.

④ 「절정」에는 냉엄한 현실에 절망하는 시인의 면모와 인간과 역사에 대한 희망을 놓지 않으려는 투사의 면모가 동시에 담겨

있다.

亦功신공 빨리 푸는 전략!

○ **1단계**

긍정 발문은
제시문을
꼼꼼하게 읽기

○ **2단계**

대조 구문이므로
일정한 기준에 따른
두 대상의 차이점
위주로 이해하며 읽기

○ **3단계**

제시문에 표면적으로
나오지 않은
이면적인 정보라도
추론하기

01 다음 글에서 추론한 내용으로 가장 적절한 것은? 2025 인혁처 샘플

'크로노토프'는 그리스어로 시간과 공간을 뜻하는 두 단어를 결합한 것으로, 시공간을 통합적으로 이해하기 위한 개념이다. 크로노토프의 관점에서 보면 고소설과 근대소설의 차이를 명확하게 파악할 수 있다.

고소설에는 돌아가야 할 곳으로서의 원점이 존재한다. 그것은 영웅소설에서라면 중세의 인륜이 원형대로 보존된 세계이고, 가정소설에서라면 가장을 중심으로 가족 구성원들이 평화롭게 공존하는 가정이다. 고소설에서 주인공은 적대자에 의해 원점에서 분리되어 고난을 겪는다. 그들의 목표는 상실한 원점을 회복하는 것, 즉 그곳에서 향유했던 이상적 상태로 돌아가는 것이다. 주인공과 적대자 사이의 갈등이 전개되는 시간을 서사적 현재라 한다면, 주인공이 도달해야 할 종결점은 새로운 미래가 아니라 다시 도래할 과거로서의 미래이다. 이러한 시공간의 배열을 '회귀의 크로노토프'라고 한다.

근대소설 「무정」은 회귀의 크로노토프를 부정한다. 이것은 주인공인 이형식과 박영채의 시간 경험을 통해 확인된다. 형식은 고아지만 이상적인 고향의 기억을 갖고 있다. 그것은 박 진사의 집에서 영채와 함께하던 때의 기억이다. 이는 영채도 마찬가지기에, 그들에게 박 진사의 집으로 표상되는 유년의 과거는 이상적 원점의 구실을 한다. 박 진사의 죽음은 그들에게 고향의 상실을 상징한다. 두 사람의 결합이 이상적 상태의 고향을 회복할 수 있는 유일한 방법이겠지만, 그들은 끝내 결합하지 못한다. 형식은 새 시대의 새 인물이 되어야 한다고 생각하며 과거로의 복귀를 거부한다.

① 「무정」과 고소설은 회귀의 크로노토프를 부정한다는 점에서 공통적이다.
② 영웅소설의 주인공과 「무정」의 이형식은 그들의 이상적 원점을 상실했다는 공통점을 가지고 있다.
③ 「무정」에서 이형식이 박영채와 결합했다면 새로운 미래로서의 종결점에 도달할 수 있었을 것이다.
④ 가정소설은 가족 구성원들이 평화롭게 공존하는 결말을 통해 상실했던 원점으로의 복귀를 거부한다.

01 다음 글에서 추론한 내용으로 가장 적절한 것은? 2025 인혁처 샘플

'크로노토프'는 그리스어로 시간과 공간을 뜻하는 두 단어를 결합한 것으로, 시공간을 통
합적으로 이해하기 위한 개념이다. 크로노토프의 관점에서 보면 <u>고소설</u>①과 <u>근대소설</u>②의 차이
를 명확하게 파악할 수 있다. 〉 대조 구조

<u>고소설</u>①에는 돌아가야 할 곳으로서의 원점이 존재한다. 그것은 영웅소설에서라면 중세의
인륜이 원형대로 보존된 세계이고, 가정소설에서라면 가장을 중심으로 가족 구성원들이 평
화롭게 공존하는 가정이다. 고소설에서 주인공은 적대자에 의해 원점에서 분리되어 고난을
겪는다. <u>그들의 목표는 상실한 원점을 회복하는 것</u>, 즉 <u>그곳에서 향유했던 이상적 상태로</u>
<u>돌아가는 것이다.</u> 주인공과 적대자 사이의 갈등이 전개되는 시간을 서사적 현재라 한다면,
<u>주인공이 도달해야 할 종결점은</u>① (새로운 미래가 아니라) 다시 도래할 과거로서의 미래이다.
이러한 시공간의 배열을 '회귀의 크로노토프'라고 한다.

② <u>근대소설 「무정」</u>은 회귀의 크로노토프를 부정한다. 이것은 주인공인 이형식과 박영채의
시간 경험을 통해 확인된다. 형식은 고아지만 이상적인 고향의 기억을 갖고 있다. 그것은
박 진사의 집에서 영채와 함께하던 때의 기억이다. 이는 영채도 마찬가지기에, 그들에게
박 진사의 집으로 표상되는 유년의 과거는 이상적 원점의 구실을 한다. 박 진사의 죽음은
그들에게 고향의 상실을 상징한다. <u>두 사람의 결합이 이상적 상태의 고향을 회복할 수 있는</u>
<u>유일한 방법이겠지만, 그들은 끝내 결합하지 못한다.</u> 형식은 새 시대의 새 인물이 되어야
<u>한다고 생각하며 과거로의 복귀를 거부한다.</u>

① 「무정」과 ~~고소설~~은 회귀의 크로노토프를 부정한다는 점에서 공통적이다. - 주체 혼동의 오류

✓② 영웅소설의 주인공과 「무정」의 이형식은 (O) / 그들의 이상적 원점을 상실했다는 공통점을 가지고 (O)
있다.

③ 「무정」에서 이형식이 박영채와 결합했다면 / 새로운 미래로서의 ~~종결점~~에 도달할 수 있었을 - 객체 혼동의 오류
것이다.

④ 가정소설은 가족 구성원들이 평화롭게 공존하는 결말을 통해 / 상실했던 원점으로의 복귀를
~~거부~~한다. - 반대의 오류

DAY

14

亦(역)功(공) 현대 운문, 현대 산문 문제 훈련

01 다음 글을 추론한 내용으로 가장 적절하지 않은 것은?

> 염상섭의 소설 세계는 저항과 대안 사상과 관련되는데, 이 에피소드들의 상당 부분이 음주와 관련된다는 점은 주목할 만하다. 『무화과』에서 불령인사들은 인사동의 주점 '보도나무'를 아지트로 삼으며, 『검사국 대합실』은 음주 장면에서 마르크스의 <자본론>이 소개되기도 한다. 어떤 문학 연구가는 이러한 염상섭의 작품에서 대안 사상과 반항적 청년을 하나로 묶는 공통적 아비투스로 음주를 내세웠다고 풀이하기도 한다.
>
> 염상섭의 대표작인 『삼대』에서 또한 음주 모티프가 그대로 계승되는 양상을 보인다. 가문의 연대기를 그려내는 이 소설에서 주점은 조씨가문의 자택보다 더욱 비중 있는 주요 무대로 등장하는데 그는 그곳에서 음주를 곁들여 다양한 계급의 청년들과 교류하고 당대 사회에 저항하는 사회주의와 아나키즘을 논한다. 소설 속에서 음주는 계급이나 사회적인 평판, 개인적 상황으로는 드러나지 않는 인물들의 '진짜 모습'을 드러내는 극적인 장치로 작용한다.
>
> 『표본실의 청개구리』는 1919년 3.1 운동 전후의 비참한 민족적 현실을 그려낸 소설인데 이에서도 술에 절여져 살아가는 인물들이 드러난다. 화자 X는 총독부의 통제가 일상화된 사회에서 술에 찌들어 살아가는데, 그의 손 윗세대 김창억 또한 일제에 수감되었다 풀려난 후로 폭음을 일삼는 폐인으로 전락하고 만다. 두 사람은 식민지 시대의 지식인이었음에도 불구하고 삶의 의미를 상실하고 알코올에 의존하는 삶을 살아간다는 점에서 공통점을 지닌다. 이처럼 염상섭의 소설에서 '술'은 조선인 지식인들에게 강제되었던 침묵이라는 억압을 저항 혹은 체념의 의미로 풀어가는 주요한 기제였다.

① 『표본실의 청개구리』에서 음주 모티프는 지식인이 억압받던 민족적 현실을 보여준다.
② 『삼대』에서 음주는 반항적 청년을 드러내는 아비투스로 사용되었다.
③ 『검사국 대합실』에서 나타난 음주 모티프는 이데올로기를 드러낸다는 점에서 『삼대』와 유사한 측면을 지닌다.
④ 『무화과』에서 음주는 일상적이고 평온한 장면을 보여주는 수단으로 사용되었을 것이다.

1. 정답인 이유

_____

_____

2. 틀린 답인 이유(나의 약점)

_____

_____

02 다음 글을 추론한 내용으로 적절하지 않은 것은?

1930년대 한국시문학사에서 두드러진 현상은 신학문과 신교육을 전수받은 지식 계층이 대두되었다는 것이다. 전통 사회에서의 교육은 소수의 선택받은 양반 계층의 전유물이었지만, 이 시기를 전후로 학교 교육 제도의 보급에 따라 일반인들에게도 교육이 일정 부분 보장되게 되었다. 학제의 정비와 고등교육기관의 설립으로 신교육에 대한 긍정적 인식이 폭넓게 확산되었고 일본 등지로의 유학이 용이해지면서 고급지식 계층도 등장하게 되었다. 대학에서 영미 모더니즘을 체계적으로 공부한 김기림과 최재서, 이양하 등의 출현은 모더니즘 시의 부흥을 이끌었다.

한국 모더니즘의 시초라고 할만한 김기림의 경우만 하더라도, 1930년대 초의 시에서는 서구문명에 대한 피상적인 이해와 맹목적인 지향성 정도만이 드러난다. 초기 작품에서는 외래어나 이국적인 소재들을 남발함으로써 전통적 서정 시와는 다른 시를 써야한다는 일종의 압박이 관찰된다. 하지만 정지용이나 김광균과 같은 신진 시인들이 모더니즘 진영에 가담하면서 점차 수준 높은 모더니즘 작품이 창작되기 시작하였다. 김광균의 <와사등>은 대표적인 모더니즘 작품인데 '늘어선 고층 창백한 묘석(墓石)같이 황혼에 젖어 / 찬란한 야경 무성한 잡초인양 엉클어진 채 / 사념 벙어리 되어 입을 다물다'라는 표현에서 도시적 이미지를 지닌 구체적 소재들을 차용하면서도 우회적으로 감정을 전달한다는 점에서 세련된 모더니즘의 특성이 드러남을 알 수 있다. 하지만 한편에서는 모더니즘의 부흥에도 불구하고 1920~1930년대 유럽 대륙에서 유행하던 초현실주의적인 작품을 창작하는 이상, 이시우 등의 시인도 등장하였다.

① 교육제도의 혁신으로 유발된 지식계층의 확대는 1930년대 한국 모더니즘 시의 활성화로 이어질 수 있었다.

② 영미 모더니즘에 대한 체계적인 학습은 한국 모더니즘의 방향성을 정립하는 계기를 제공하였다.

③ 김기림을 포함한 모더니즘 시인들의 작품활동은 서구 모더니즘의 영향에서 벗어나 독자적 형식을 확립하고자 하였다.

④ <와사등>과 같은 작품에서 나타나는 도시적 이미지와 우회적 감정 표현은 한국 모더니즘 시가 세련되고 복합적인 표현 기법으로 발전했음을 시사한다.

1. 정답인 이유

2. 틀린 답인 이유(나의 약점)

03 다음 글을 이해한 내용으로 적절하지 않은 것은?

1930년대 이후는 본격적으로 자유시가 활발하게 창작되기 시작한 시기였다. 1920년대의 소설이 1919년 3·1 운동이 독립으로 이행되지 못한 것에 대한 슬픔과 허탈함의 정서가 드러나는 경향이 강했다면, 1930년대의 시는 회화적 경향이 두드러지면서 문학적 측면에서 발전을 이루었다. 1936년 간행된 백석의 시집 《사슴》에 수록된 <여우 난 곬 족(族)>은 토속적인 어휘로 고향의 추억을 드러낸 대표적인 1930년대 작품이다. '이 그득히들 할머니 할아버지가 있는 안간엔들 모여서 방안에서는 새 옷의 내음새가 나고 / 또 인절미 송기떡 콩가루떡의 내음새도 나고'라는 표현은 어린 화자의 눈으로 본 명절의 풍경을 잘 보여준다. 여러 가지 음식을 나열하고 온 친척이 함께 모여 이야기하다가 잠이 드는 풍경은 회화적으로 당대의 생활상을 그려낸 것이다.

백석의 <여승> 또한 일제강점기 가난한 가정의 모습을 그림을 그리듯 보여 주고 있다. '섶벌같이 나아간 지아비 기다려 십년이 갔다. / 지아비는 돌아오지 않고 / 어린 딸은 도라지꽃이 좋아 돌무덤으로 갔다.'라는 표현으로 이어지는 이 작품은 남편이 떠나고 딸이 죽어 출가한 여성의 삶을 통해 가난으로 인한 가정 해체의 모습을 보여준다. 일제강점기라는 혹독한 상황에 저항하는 민족적, 정신적 가치에 주목하기보다는 역사적 과정에서 희생되는 민중의 모습을 그려냈다는 점에서 문학적 의의가 있는 작품이다.

① <여우 난 곬 족>과 <여승>은 당대의 생활상을 회화적으로 반영하는 경향이 있다.
② <여승>은 일제강점기 가난으로 인한 가정 해체와 그로 인해 희생되는 인물의 모습을 다룬 작품이다.
③ <여우 난 곬 족>은 농촌의 풍경을 통해 도시 생활의 번잡함과 문명에 대한 비판을 다룬 작품이다.
④ 1930년대 시의 특징 중 하나는 생활의 다양한 면모를 반영하여 문학적으로 발전을 이루었다는 것이다.

1. 정답인 이유

2. 틀린 답인 이유(나의 약점)

Chapter

02 고전 운문, 고전 산문

2025년에 혜성같이 떠오르는 O순위 최빈출 문학 유형은 '문학 + 독해 결합형'입니다.

과거에는 문학 작품을 준 후 문학 작품의 해설이 맞는지 틀리는지를 물었다면

2025에는 문학 작품 그 자체가 아니라

해당 문학 작품을 제재로 한 비문학, 작품 정리 등이 출제되고 있습니다.

이 문제 유형은 특히 '고전 운문과 고전 산문'에 관련된 제재로 비문학 제시문을 준 유형으로

1) 대표 유형과 작가, 작품에 대해서 이해하고

2) 이를 적용하여 풀 수 있는가를 물어봅니다.

정답 및 해설 p.194

 TYPE 1 **고전 운문, 고전 산문 Pick!**

01 윗글을 이해한 내용으로 적절하지 않은 것은? 2025 인혁처 샘플

> 한국 신화에 보이는 신과 인간의 관계는 다른 나라의 신화와 견주어 볼 때 흥미롭다. 한국 신화에서 신은 인간과의 결합을 통해 결핍을 해소함으로써 완전한 존재가 되고, 인간은 신과의 결합을 통해 혼자 할 수 없었던 존재론적 상승을 이룬다.
>
> 한국 건국신화에서 주인공인 신은 지상에 내려와 왕이 되고자 한다. 천상적 존재가 지상적 존재가 되기를 바라는 것인데, 인간들의 왕이 된 신은 인간 여성과의 결합을 통해 자식을 낳음으로써 결핍을 메운다. 무속신화에서는 인간이었던 주인공이 신과의 결합을 통해 신적 존재로 거듭나게 됨으로써 존재론적으로 상승하게 된다. 이처럼 한국 신화에서 신과 인간은 서로의 존재를 필요로 한다는 점에서 상호의존적이고 호혜적이다.
>
> 다른 나라의 신화들은 신과 인간의 관계가 한국 신화와 달리 위계적이고 종속적이다. 히브리 신화에서 피조물인 인간은 자신을 창조한 유일신에 대해 원초적 부채감을 지니고 있으며, 신이 지상의 모든 일을 관장한다는 점에서 언제나 인간의 우위에 있다. 이러한 양상은 북유럽이나 바빌로니아 등에 퍼져 있는 신체 화생 신화에도 유사하게 나타난다. 신체 화생 신화는 신이 죽음을 맞게 된 후 그 신체가 해체되면서 인간 세계가 만들어지게 된다는 것인데, 신의 희생 덕분에 인간 세계가 만들어질 수 있었다는 점에서 인간은 신에게 철저히 종속되어 있다.

① 히브리 신화에서 신과 인간의 관계는 위계적이다.

② 한국 무속신화에서 신은 인간을 위해 지상에 내려와 왕이 된다.

③ 한국 건국신화에서 신은 인간과의 결합을 통해 완전한 존재가 된다.

④ 한국 신화에 보이는 신과 인간의 관계는 신체 화생 신화에 보이는 신과 인간의 관계와 다르다.

TYPE 1 고전 운문, 고전 산문 Pick!

01 윗글을 이해한 내용으로 적절하지 않은 것은? 2025 인혁처 샘플

> ① ②
> 한국 신화에 보이는 신과 인간의 관계는 다른 나라의 신화와 견주어 볼 때 흥미롭다. 한국 신화에서 신은 인간과의 결합
>
> 을 통해 결핍을 해소함으로써 완전한 존재가 되고, 인간은 신과의 결합을 통해 혼자 할 수 없었던 존재론적 상승을 이룬다.
> ①
> 한국 건국신화에서 주인공인 신은 지상에 내려와 왕이 되고자 한다. 천상적 존재가 지상적 존재가 되기를 바라는 것인데,
> ①
> 인간들의 왕이 된 신은 인간 여성과의 결합을 통해 자식을 낳음으로써 결핍을 메운다. 무속신화에서는 인간이었던 주인공
>
> 이 신과의 결합을 통해 신적 존재로 거듭나게 됨으로써 존재론적으로 상승하게 된다. =① 이처럼 한국 신화에서 신과 인간은
>
> 서로의 존재를 필요로 한다는 점에서 상호의존적이고 호혜적이다.
>
> ② 다른 나라의 신화들은 신과 인간의 관계가 (한국 신화와 달리) 위계적이고 종속적이다. ②-1 히브리 신화에서 피조물인 인간은
>
> (자신을 창조한 유일신에 대해) 원초적 부채감을 지니고 있으며, 신이 (지상의 모든 일을 관장한다는 점에서) 언제나 인간의
>
> 우위에 있다. 이러한 양상은 북유럽이나 바빌로니아 등에 퍼져 있는 신체 화생 신화에도 유사하게 나타난다. ②-2 신체 화생
>
> 신화는 신이 죽음을 맞게 된 후 그 신체가 해체되면서 인간 세계가 만들어지게 된다는 것인데, ②-2 신의 희생 덕분에 인간 세계
>
> 가 만들어질 수 있었다는 점에서 인간은 신에게 철저히 종속되어 있다.

① 히브리 신화에서 신과 인간의 관계는 위계적이다. (O)

② ~~한국 무속신화에서 신은 인간을 위해~~ 지상에 내려와 왕이 된다.   - 미언급의 오류

③ 한국 건국신화에서 신은 인간과의 결합을 통해 완전한 존재가 된다. (O)

④ 한국 신화에 보이는 신과 인간의 관계는 / 신체 화생 신화에 보이는 신과 인간의 관계와 / 다르다. (O)
   상호 의존적, 호혜적   ≠   신에게 인간이 종속

┌─ 구조도 ────────────────────────┐
│   │
│ 1문단 - ① 한국 신화   │
│   │
│ 2문단 - ② 다른 나라의 신화 ┬ ②-1 히브리 신화   │
│   └ ②-2 신체 화생 신화   │
│   │
└──────────────────────────────────┘

PART
07

01 다음 글을 이해한 내용으로 가장 적절하지 않은 것은?

亦功신공 빨리 푸는 전략!

○ 1단계

부정 발문이므로
선지를 먼저 보기

○ 2단계

선지를 통해
대조 구문인 것을
예측하기

일정한 기준에 따른
두 대상의 차이점
위주로
제시문을 이해하며
읽기

○ 3단계

쌤에게 미리 배운
오답 패턴을 통해
소거하여 답 고르기

향가는 시조의 형식을 형성하는 데 영향을 주었다고 알려져 있다. 시조의 기원에 대한 다양한 설들이 있는데 그 중 시조가 10구체 향가에서 비롯되었다고 보는 학자들의 견해는 다음과 같다. 10구체 향가는 대개 '4구＋4구＋2구'의 형태로 시상을 전개하고 마지막 2구에 해당하는 낙구에서 주제를 제시하면서 시상을 마무리하는 것이 특징이다. 이러한 3단 구성은 후대 평시조의 틀을 구성하는 데 영향을 주었는데, 특히 낙구 첫머리에 등장하는 감탄사는 시조의 종장 첫 구에 나타나는 3음보 감탄사에 영향을 미쳤으리라고 추측된다. 향가와 시조에 나타나는 감탄사는 앞의 내용을 정서적으로 고양시키거나 시상을 환기함으로써 노래를 완결하는 효과를 준다.

이렇듯 향가와 시조의 형식적 측면을 본다면 그 연관이 두드러지지만, 내용적 측면에서는 영향 관계를 설명하기가 어렵다. 향가는 10세기 말까지 창작되었지만 현재까지 가사가 전해지는 것은 총 25수에 불과하다. 또한 현재 전하는 작품들의 내용은 주로 불교적 신앙심을 바탕으로 한 것이기는 하나 추모나 축사, 안민, 연군 등 다양한 주제를 다루고 있다. 이와 달리 시조는 조선 시대에 들어 본격적으로 융성하기 시작하면서 사대부들의 미의식과 정신세계를 표현하는 갈래로 자리잡았다. 이 시기 시조의 주제는 주로 유교적 이념과 자연에 대한 동경이었는데 불교적 신앙심을 주로 드러냈던 향가와는 다소 상이하다고 할 수 있다.

① 향가와 시조의 내용적 연관을 설명하기 어려운 이유는 현재까지 전해지는 향가 작품 수가 많지 않기 때문이다.

② 향가와 시조는 창작 당시의 사회적 맥락에서 등장한 특정한 관념을 반영하고 있다.

③ 시조는 주로 사대부들의 미의식을 드러내는 데 사용되었으나 향가는 공식적인 목적으로 창작되었다.

④ 향가와 시조는 모두 감탄사를 활용하여 노래를 완결시키는 효과를 준다는 점에서 공통점이 있다.

01 다음 글을 이해한 내용으로 가장 적절하지 않은 것은?

향가는 시조의 형식을 형성하는 데 영향을 주었다고 알려져 있다. 시조의 기원에 대한 다양한 설들이 있는데 그 중 시조가 10구체 향가에서 비롯되었다고 보는 학자들의 견해는 다음과 같다. 10구체 향가는 대개 '4구＋4구＋2구'의 형태로 시상을 전개하고 마지막 2구에 해당하는 낙구에서 주제를 제시하면서 시상을 마무리하는 것이 특징이다. ④ 이러한 3단 구성은 후대 평시조의 틀을 구성하는 데 영향을 주었는데, 특히 낙구 첫머리에 등장하는 감탄사는 시조의 종장 첫 구에 나타나는 3음보 감탄사에 영향을 미쳤으리라고 추측된다. 향가와 시조에 나타나는 감탄사는 앞의 내용을 정서적으로 고양시키거나 시상을 환기함으로써 노래를 완결하는 효과를 준다.

향가와 시조의 공통점(비교)

이렇듯 향가와 시조의 형식적 측면을 본다면 그 연관이 두드러지지만, 내용적 측면에서는 영향 관계를 설명하기가 어렵다. 향가는 10세기 말까지 창작되었지만 현재까지 가사가 ② 전해지는 것은 총 25수에 불과하다. 또한 현재 전하는 작품들의 내용은 주로 불교적 신앙심을 바탕으로 한 것이기는 하나 추모나 축사, 안민, 연군 등 다양한 주제를 다루고 있다. 이와 달리 시조는 조선 시대에 들어 본격적으로 융성하기 시작하면서 사대부들의 미의식과 ② 정신세계를 표현하는 갈래로 자리잡았다. 이 시기 시조의 주제는 주로 유교적 이념과 자연 ＋ 에 대한 동경이었는데 불교적 신앙심을 주로 드러냈던 향가와는 다소 상이하다고 할 수 있다.

① 향가와 시조의 차이점(대조)

① 향가와 시조의 내용적 연관을 설명하기 어려운 이유는 / 현재까지 전해지는 향가 작품 수가 많지 않기 때문이다. (○)

② 향가와 시조는 창작 당시의 사회적 맥락에서 등장한 특정한 관념을 반영하고 있다. (○)

③ 시조는 주로 사대부들의 미의식을 드러내는 데 사용되었으나 / 향가는 공적적인 목적으로 창작되었다. - 객체 혼동의 오류

↳ 불교적 신앙심, 추모, 축사 등의 목적으로도 창작됨
|
∴ 개인적인 목적으로도 쓰였음을 추론할 수 있다.

④ 향가와 시조는 모두 감탄사를 활용하여 노래를 완결시키는 효과를 준다는 점에서 / 공통점이 있다. (○)

DAY

15

亦(역)功(공) 고전 운문, 고전 산문 문제 훈련

01 다음 글을 이해한 내용으로 적절한 것은?

> 우화소설은 동물을 인간처럼 묘사하여 풍자와 교훈을 담은 이야기를 전달한다. 이러한 작품들은 동물들의 행동과 말을 통해 인간 사회의 본질을 우회적으로 드러내는 서사 방식을 취한다. 대표적으로, 송사형 소설과 쟁론형 소설이 이 장르의 주요 유형으로 꼽힌다. 이러한 소설들은 인물 간의 성격이나 가치관의 충돌을 통해 이야기가 전개되며, 이 대립은 독자의 관심을 끌고 갈등을 부각시키는 중요한 요소가 된다. 동물의 외형이나 습성을 반영한 인물 묘사, 구어체나 비속어 사용, 그리고 재치 있는 대화를 통해 작품에 해학적인 분위기를 더한다. 이와 같은 방법으로 우화소설은 인간 사회의 모순을 풍자하며 문학적 의미를 전달한다.
>
> 조선 후기 작품인 「서대주전」은 쥐를 인간화해 대표적인 우화소설로 손꼽힌다. 이 작품은 서대주가 타남주의 밤을 훔치는 사건을 통해 당시 관리들의 비리를 비판한다. 「별주부전」 역시 용왕이 토끼의 간을 얻으려는 사건을 다루며, 인간 본성의 오류와 지배 계층의 폭력성을 비판한다. 이와 같은 우화소설은 동물을 통해 인간 사회의 단면을 비추며, 부정적인 인간 행위나 사회의 모순을 지적한다. 이를 통해 우화소설은 사회에 대한 깊은 성찰과 함께 도덕적 교훈을 제공하며, 보다 나은 사회를 지향하는 문학적 노력을 보여 준다.

① 우화소설은 주로 인간보다 동물 사회의 복잡성과 다양성을 탐구하는 데 중점을 두었다.

② 「서대주전」은 동물들의 일상적인 삶을 그린 순수문학으로, 사회 비판적 요소는 포함하지 않는다.

③ 「별주부전」은 용왕과 토끼 간의 이야기를 다룸으로써 인간의 긍정적 본성을 강조하였다.

④ 우화소설은 도덕적 교훈을 제공하며, 보다 나은 사회를 지향하는 문학적 노력의 일환이었다.

1. 정답인 이유

2. 틀린 답인 이유(나의 약점)

02 다음 글을 이해한 내용으로 적절하지 않은 것은?

사대부들은 조선 시대 문학의 주된 향유 계층이었다. 이들은 현실 세계에서 국가와 백성을 위한 이념을 추구하면서도 심성을 정돈할 수 있는 자연을 동경하는 양면적인 태도를 취하였다. 이러한 이중적 특성에 따라 시조 문학은 크게 강호가류(江湖歌類)와 오륜가류(五倫歌類)의 두 갈래로 발전하였다. 강호가류는 자연 속에서 한가롭게 지내는 삶을 노래한 것인데 사화와 당쟁이 끊이지 않았던 16~17세기 조정을 떠난 사대부들을 중심으로 작성되었다. 사대부들은 속세에서 벗어나 검소한 삶을 살면서 자연 속에서 유유자적하고 심성을 닦고자 하였다. 오륜가류는 백성들에게 유교의 덕목을 실생활 속에서 실천하도록 권장하기 위하여 창작한 시조이다. 사대부들은 관직을 맡게 되면 남을 다스리기 위해 최선을 다하였는데 이러한 노력의 일환으로 오륜가를 즐겨 지었다. 오륜가는 쉬운 일상어를 활용하여 백성들이 행하거나 행하지 말아야 할 것들을 명령형 어조나 청유형 어조로 노래함으로써 유교적 이상사회를 건설하고자 하는 데에 목적을 두었다. 이를 종합하면 강호가류는 심성 수양이라는 주제를 강조한 반면 오륜가류는 백성을 교화하고자 하는 목적을 강조했다는 점에서 차이가 있다.

① 강호가류는 사대부들이 자연 속에서 한가롭게 지내는 삶을 노래한 것으로, 심성 수양에 주안점을 두었다.
② 오륜가류는 백성을 가르치기 위해 창작된 것으로 어조에서 이러한 목적을 짐작할 수 있다.
③ 오륜가류는 심성 수양과 백성 교화를 모두 강조한 반면 강호가류는 심성 수양만을 강조하였다.
④ 사대부들이 취한 복합적인 태도는 당대 창작된 작품의 유형에서 확인할 수 있다.

1. 정답인 이유

2. 틀린 답인 이유(나의 약점)

03 다음 글을 추론한 내용으로 적절한 것은?

<심청전>과 <흥부전>은 당대 사회의 문제를 잘 드러낸 소설임에도 불구하고 작품의 결말부에 비현실적이고 낭만적인 요소가 들어감에 따라 문학적 의의가 퇴색했다는 비판을 받는다. 작품의 전반부에서는 당대의 삶의 현실이 잘 드러나 있지만 후반부에서는 이러한 특성이 퇴색되고 설화적 환상으로 결말을 제한함으로써 소설의 한계를 여실히 보여주었다는 것이 주된 평가였다.

이들 작품의 결말이 현실보다는 '꿈'을 반영했다는 점은 자명한 사실이다. 하지만 이러한 꿈이 현실과 어떤 유기적 관계를 형성하면서 작품의 가치를 실현했는지는 재검토할 필요성이 있다. 현실과 꿈이 서로 연관을 맺지 못한 채 겉돈다면 꿈은 문학적 의의를 획득하기 어렵지만, 만일 꿈이 현실과 긴밀한 관계를 맺고 현실을 잘 반영해낸다면 문학적 위상은 달라질 수 있다. 특히 낭만적 결말을 담았다고 하더라도 꿈이 미학적이면서도 철학적인 체계를 갖추고 있다면 더욱 그러하다.

두 작품 모두 전반부의 현실적 서사와 후반부의 환상적 서사를 매개하는 요소는 '하늘의 이치'이다. 심청이가 효행을 인정받아 아버지가 눈을 뜨게 된다거나 흥부가 제비를 도와준 것을 계기로 복을 받는다는 이야기는 '하늘의 이치'에 맞게 살아야 한다는 당대의 삶의 철학을 반영한 것이다. 또한 두 작품에서 비현실적 결말을 제시한 것은 '희망이 보이지 않는 현실'을 드러내기 위한 문학적 방법이었다는 점에서 현실과 꿈 사이에 긴밀한 연관이 있는 것이라고 평할 수 있다.

① <심청전>과 <흥부전>은 현실적 서사와 환상적 서사를 대비하여 작품의 주제를 전달한다.
② <심청전>과 <흥부전> 전반부에 나타난 비현실적 요소는 현실과 괴리된 꿈의 세계를 제시함으로써 문학적 가치를 강화한다.
③ <심청전>의 결말은 현실보다는 꿈을 반영하지만, 이러한 꿈은 미학적이면서도 철학적인 체계를 갖추고 있다.
④ <흥부전>의 후반부에서 나타나는 비현실적 요소는 희망적인 미래에 대한 기대를 드러내기 위한 수단임을 알 수 있다.

1. 정답인 이유

2. 틀린 답인 이유(나의 약점)

박혜선 국어
독해 신유형 공부

문법 + 독해 결합형

Chapter

01 형태론

2025년에는 문법 문제는 문법과 독해가 결합된 형태로 나올 예정입니다.
2024 이전에는 문법 문제가 2문제가 나왔던 반면,
2025년부터는 1문제가 늘어 **문법 문제가 3문제**가 나올 예정이므로
최고의 'O순위 최빈출' 유형임을 알 수 있습니다.

다만, 혜선 쌤이 전략적으로 가지고 가고 싶은 것은
독해의 비중이 지나치게 높은 이 시험 유형에서
문법을 100프로 독해 유형으로서 보지는 말자는 것입니다.

물론 문법 유형을 독해 유형으로 풀게 되면 평소 공부를 덜 할 수 있기 때문에 인지적인 부담은 줄어들 것입니다.
하지만 시험 현장에서 문법을 독해 유형처럼 풀어내 버린다면
국어에 30분 이상 투자해야 하는 불상사가 일어날 수 있습니다.
그 부분은 정말 피하고 싶습니다. 국어뿐만 아니라 다른 과목에도 악영향을 줄 수 있기 때문입니다.

따라서 이 문제 유형을 정복하려면
1) 출종포 문법에서 형태론의 개념과 최빈출 문법 예시에 대해서 암기하고
2) 이를 적용하여야 합니다. 단, 막히는 경우에 제시문을 참고하여야 합니다.

정답 및 해설 p.196

 형태론 Pick!

01 다음 글에서 추론한 내용으로 적절하지 않은 것은? 2025 인혁처 샘플

> '밤하늘'은 '밤'과 '하늘'이 결합하여 한 단어를 이루고 있는데, 이처럼 어휘 의미를 띤 요소끼리 결합한 단어를 합성어라고 한다. 합성어는 분류 기준에 따라 여러 방식으로 나눌 수 있다. 합성어의 품사에 따라 합성명사, 합성형용사, 합성부사 등으로 나누기도 하고, 합성의 절차가 국어의 정상적인 단어 배열법을 따르는지의 여부에 따라 통사적 합성어와 비통사적 합성어로 나누기도 하고, 구성 요소 간의 의미 관계에 따라 대등합성어와 종속합성어로 나누기도 한다.
> 합성명사의 예를 보자. '강산'은 명사(강)＋명사(산)로, '젊은이'는 용언의 관형사형(젊은)＋명사(이)로, '덮밥'은 용언 어간 (덮)＋명사(밥)로 구성되어 있다. 명사끼리의 결합, 용언의 관형사형과 명사의 결합은 국어 문장 구성에서 흔히 나타나는 단어 배열법으로, 이들을 통사적 합성어라고 한다. 반면 용언 어간과 명사의 결합은 국어 문장 구성에 없는 단어 배열법인데 이런 유형은 비통사적 합성어에 속한다. '강산'은 두 성분 관계가 대등한 관계를 이루는 대등합성어인데, '젊은이'나 '덮밥'은 앞 성분이 뒤 성분을 수식하는 종속합성어이다.

① 아버지의 형을 이르는 '큰아버지'는 종속합성어이다.
② '흰머리'는 용언 어간과 명사가 결합한 합성명사이다.
③ '늙은이'는 어휘 의미를 지닌 두 요소가 결합해 이루어진 단어이다.
④ 동사 '먹다'의 어간인 '먹'과 명사 '거리'가 결합한 '먹거리'는 비통사적 합성어이다.

TYPE 1 형태론 Pick!

01 다음 글에서 추론한 내용으로 적절하지 않은 것은? 2025 인혁처 샘플

이론 나열

'밤하늘'은 '밤'과 '하늘'이 결합하여 한 단어를 이루고 있는데, 이처럼 어휘 의미를 띤 요소끼리 결합한 단어를 합성어라고

어근 + 어근 = 합성어

한다. 합성어는 분류 기준에 따라 여러 방식으로 나눌 수 있다. 합성어의 품사에 따라 합성명사, 합성형용사, 합성부사 등으로

나누기도 하고, 합성의 절차가 국어의 정상적인 단어 배열법을 따르는지의 여부에 따라 통사적 합성어와 비통사적 합성어로

나누기도 하고, 구성 요소 간의 의미 관계에 따라 대등합성어와 종속합성어로 나누기도 한다.

사례 몰빵

합성명사의 예를 보자. '강산'은 명사(강)+명사(산)로, '젊은이'는 용언의 관형사형(젊은)+명사(이)로, '덮밥'은 용언 어간

(덮)+명사(밥)로 구성되어 있다. 명사끼리의 결합, 용언의 관형사형과 명사의 결합은 국어 문장 구성에서 흔히 나타나는

단어 배열법으로, 이들을 통사적 합성어라고 한다. 반면 용언 어간과 명사의 결합은 국어 문장 구성에 없는 단어 배열법인데

이런 유형은 비통사적 합성어에 속한다. '강산'은 두 성분 관계가 대등한 관계를 이루는 대등합성어인데, '젊은이'나 '덮밥'은

앞 성분이 뒤 성분을 수식하는 종속합성어이다.

① 아버지의 형을 이르는 '큰아버지'는 종속합성어이다. (O)

② '흰머리'는 용언 어간과 명사가 결합한 합성명사이다.
관형사형

③ '늙은이'는 어휘 의미를 지닌 두 요소가 결합해 이루어진 단어이다. (O)

④ 동사 '먹다'의 어간인 '먹'과 명사 '거리'가 결합한 '먹거리'는 비통사적 합성어이다. (O)

亦功신공 빨리 푸는 전략!

○ **1단계**

문법+독해 결합형은
선지를 먼저 보고
소거할 수 있는 것들을
먼저 소거하기

○ **2단계**

1단계에서
소거가 안 된
나머지 선지들은
제시문의 근거를
참고하여 소거하기

○ **3단계**

형태론의 최빈출
문법 예시는
쌤이랑 빠삭하게
미리 학습하기

01 다음 글에 대한 설명으로 적절하지 않은 것은?

파생어는 어근에 접사가 붙어 이루어진 말이다. 파생어 형성의 결과는 다음과 같이 분류된다. 파생어의 예를 보자. '시어머니'는 명사 '어머니'에 '시-'가 붙어 명사 '시어머니'로, '웃음'은 동사 '웃다'의 '웃-'에 '-음'이 붙어 명사 '웃음'으로 구성되어 있다. 품사와 문장 구조에 변화가 없는 경우, 파생어가 되어 품사가 달라지는 경우에 국어 문장 구성에서 흔히 나타나는 단어 배열법이다. 한편 파생어의 사용으로 문장 구조가 달라지는 경우도 존재한다. 예를 들어 '잡다'에 '-히-'가 붙어 '잡히다'가 되면 '경찰이 도둑을 잡다'와 같은 문장이 '도둑이 경찰에게 잡히다'처럼 바뀐다. 품사와 문장 구조 모두가 바뀌는 경우도 있다. 형용사 '낮다'에 '-추-'가 붙어 동사 '낮추다'가 되면 '방 온도가 낮다'와 같은 문장이 '내가 방 온도를 낮추다'처럼 바뀐다.

① '낚시'에 '-질'이 붙은 '낚시질'은 품사와 문장 구조에 변화가 없는 경우에 해당한다.
② '먹다'의 '먹-'에 '-히-'가 붙은 '먹히다'는 품사와 문장 구조 모두가 바뀌는 경우에 들어간다.
③ '숨다'의 '숨-'에 '-기-'가 붙은 '숨기다'는 파생어의 사용으로 문장 구조가 달라지는 경우에 해당한다.
④ '죽음'의 '죽-'에 '-음'이 붙은 '죽음'은 파생어가 되어 품사가 달라지는 경우에 해당한다.

01 다음 글에 대한 설명으로 적절하지 않은 것은?

파생어는 어근에 접사가 붙어 이루어진 말이다. 파생어 형성의 결과는 다음과 같이 분류

된다. 파생어의 예를 보자. '시어머니'는 명사 '어머니'에 '시-'가 붙어 명사 '시어머니'로, ②'웃

음'은 동사 '웃다'의 '웃-'에 '-음'이 붙어 명사 '웃음'으로 구성되어 있다. ①품사와 문장 구조

에 변화가 없는 경우, ②파생어가 되어 품사가 달라지는 경우에 국어 문장 구성에서 흔히 나

타나는 단어 배열법이다. 한편 파생어의 사용으로 ③문장 구조가 달라지는 경우도 존재한다.

ex)

예를 들어 '잡다'에 '-히-'가 붙어 '잡히다'가 되면 '경찰이 도둑을 잡다'와 같은 문장이 '도둑

④
이 경찰에게 잡히다'처럼 바뀐다. 품사와 문장 구조 모두가 바뀌는 경우도 있다. 형용사 '낮

다'에 '-추-'가 붙어 동사 '낮추다'가 되면 '방 온도가 낮다'와 같은 문장이 '내가 방 온도를

낮추다'처럼 바뀐다.

> '낚시'는 명사
> '낚시질'도 명사

① '낚시'에 '-질'이 붙은 '낚시질'은 / 품사와 문장 구조에 변화가 없는 경우에 해당한다. - ①의 경우 (O)

② '먹다'의 '먹-'에 '-히-'가 붙은 '먹히다'는 / 품사와 문장 구조 모두가 바뀌는 경우에 들어간다. - ③의 경우이므로 적절 X

③ '숨다'의 '숨-'에 '-기-'가 붙은 '숨기다'는 / 파생어의 사용으로 문장 구조가 달라지는 경우에

   해당한다.

> '죽-'은 동사
> '죽음'은 명사이므로 적절. - ②의 경우 (O)

④ '죽음'의 '죽-'에 '-음'이 붙은 '죽음'은 / 파생어가 되어 품사가 달라지는 경우에 해당한다.

② 말 만들어 보기: 사자가 토끼를 먹었다 → 토끼가 사자에게 먹혔다

   → '먹다', '먹히다' 품사는 동일, 문장구조가 달라짐 (주어-목적어-서술어 ⇒ 주어-부사어-서술어)

③ 말 만들어 보기: 철수가 숨었다 → 그가 철수를 숨겼다.

   → '숨다', '숨기다' 품사는 동일, 문장구조가 달라짐 (주어-서술어 ⇒ 주어-목적어-서술어)

DAY

16

亦(역)功(공) 형태론 문제 훈련

01 ㉠, ㉡에 해당하는 예로 적절한 것은?

> 단어는 하나의 품사로 사용되는 경우가 일반적이지만 둘 이상의 품사로 사용되는 경우도 있다. 가령 '그는 모든 원인을 자기의 잘못으로 돌렸다.'의 '잘못'은 조사와 결합하는 명사이지만, '그는 길을 잘못 들어서 한참 헤맸다.'의 '잘못'은 용언을 수식하는 부사이다. '잘못'이 ㉠ 명사와 부사로 쓰인 것이다. 또한 '노력한 만큼 대가를 얻다.'의 '만큼'은 관형어의 수식을 받는 명사이지만, '집을 대궐만큼 크게 짓다.'의 '만큼'은 앞말과 비슷한 정도나 한도임을 나타내는 조사이다. '만큼'이 ㉡ 명사와 조사로 쓰인 것이다. 이 밖에도 국어에는 부사와 조사로 쓰이는 경우, 수사와 관형사로 쓰이는 경우와 같이 두 개 이상의 품사로 쓰이는 단어들이 존재한다.

① ㉠ ┌ 하나에 다섯을 더하면 <u>여섯</u>이다.
　　　└ 여기에 사과 <u>여섯</u> 개가 있다.
② ㉠ ┌ <u>내일</u>의 시험은 잘 준비하고 있니?
　　　└ 얘기가 다 끝났으니 그럼 <u>내일</u> 보자.
③ ㉡ ┌ 너<u>같이</u> 예쁜 사람은 처음이다.
　　　└ 오늘 파티가 있다는데 <u>같이</u> 갈래?
④ ㉡ ┌ <u>보다</u> 아름다운 사람이 있다.
　　　└ 혜선 쌤은 수지<u>보다</u> 귀엽다.

1. 정답인 이유

2. 틀린 답인 이유(나의 약점)

02 다음 글에서 추론한 내용으로 적절하지 않은 것은?

용언은 홀로 쓰이는 본용언과 홀로 쓰이지 않고 본용언 뒤에서 특수한 의미를 더해 주는 보조 용언으로 구분할 수 있다. 예를 들어 '케이크를 먹어 보았다.'라는 문장이 있을 때 '먹어'는 '케이크를 먹다.'라는 문장의 서술어로 홀로 쓰일 수 있으므로 본용언이다. 그런데 '보았다'는 '케이크를 보았다.'라는 문장의 서술어로 홀로 쓰일 수 없고 본래 표현과 뜻이 달라지므로 보조 용언이다. 보조 용언은 다시 보조 동사와 보조 형용사로 구분할 수 있는데 일반적으로 보조 용언의 품사는 앞에 오는 본용언의 품사를 따르지 않는 것이 일반적이다.

하지만 예외의 경우가 있는데 예를 들어 보조 용언 '않다'는 앞에 오는 본용언의 품사에 따라 보조 동사와 보조 형용사 모두로 쓰일 수 있다. 한편 보조 용언의 품사가 보조 용언의 의미에 따라서 구분되는 경우도 있다. 예를 들어 보조 용언 '보다'는 어떤 일을 경험한다는 의미를 나타낼 경우 보조 동사로 쓰이고, 앞말이 뜻하는 행동이나 상태에 대한 추측이나 걱정을 의미할 때에는 보조 형용사로 쓰인다.

① '추울까 봐서 하루 종일 집 안에만 있었다.'라는 문장에서 '보다'는 보조 형용사로 쓰였다.
② '재판관은 원고와 피고의 입장을 모두 들어 보았다.'라는 문장에서 '보다'는 보조 동사로 쓰였다.
③ '않다'는 '출발하지 않다'에서 보조 동사로, '예쁘지 않다'에서 보조 형용사로 쓰였다.
④ '나는 여행을 가고 싶다'에서 '가고 싶다'는 본용언 '싶다'와 보조 용언 '가고'가 결합한 단어이다.

1. 정답인 이유

2. 틀린 답인 이유(나의 약점)

Chapter

02 통사론

2025년에는 문법 문제는 문법과 독해가 결합된 형태로 나올 예정입니다.
2024 이전에는 문법 문제가 2문제가 나왔던 반면,
2025년부터는 1문제가 늘어 문법 문제가 3문제가 나올 예정이므로
최고의 '0순위 최빈출' 유형임을 알 수 있습니다.

시험 현장에서 문법을 독해 유형처럼 풀어내 버린다면
국어에 30분 이상 투자해야 하는 불상사가 일어날 수 있습니다.
그 부분은 정말 피하고 싶습니다. 국어뿐만 아니라 다른 과목에도 악영향을 줄 수 있기 때문입니다.

따라서 이 문제 유형을 정복하려면
1) 출종포 문법에서 통사론의 개념과 최빈출 문법 예시에 대해서 암기하고
2) 이를 적용하여야 합니다. 단, 막히는 경우에 제시문을 참고하여야 합니다.

정답 및 해설 p.196

TYPE 1 통사론 Pick!

01 다음 글의 ㉠의 사례가 포함되어 있지 않은 것은? 2025 인혁처 샘플

> 존경 표현에는 주어 명사구를 직접 존경하는 '직접존경'이 있고, 존경의 대상과 긴밀한 관련을 가지는 인물이나 사물 등을 높이는 ㉠ 간접존경'도 있다. 전자의 예로 "할머니는 직접 용돈을 마련하신다."를 들 수 있고, 후자의 예로는 "할머니는 용돈이 없으시다."를 들 수 있다. 전자에서 용돈을 마련하는 행위를 하는 주어는 할머니이므로 '마련한다'가 아닌 '마련하신다'로 존경 표현을 한 것이다. 후자에서는 용돈이 주어이지만 할머니와 긴밀한 관련을 가진 사물이라서 '없다'가 아니라 '없으시다'로 존경 표현을 한 것이다.

① 고모는 자식이 다섯이나 있으시다.
② 할머니는 다리가 아프셔서 병원에 다니신다.
③ 언니는 아버지가 너무 건강을 염려하신다고 말했다.
④ 할아버지는 젊었을 때부터 수염이 많으셨다고 들었다.

TYPE 1 통사론 Pick!

01 다음 글의 ㉠의 사례가 포함되어 있지 않은 것은? 2025 인혁처 샘플

존경 표현에는 주어 명사구를 직접 존경하는 '직접존경'이 있고, 존경의 대상과 긴밀한 관련을 가지는 인물이나 사물 등을 높이는 ㉠ '간접존경'도 있다. 전자의 예로 "할머니는 직접 용돈을 마련하신다."를 들 수 있고, 후자의 예로는 "할머니는 용돈이 없으시다."를 들 수 있다. 전자에서 용돈을 마련하는 행위를 하는 주어는 할머니이므로 '마련한다'가 아닌 '마련하신다'로 존경 표현을 한 것이다. 후자에서는 용돈이 주어이지만 할머니와 긴밀한 관련을 가진 사물이라서 '없다'가 아니라 '없으시다'로 존경 표현을 한 것이다.

① 고모는 자식이 다섯이나 있으시다. - ㉠ 간접 존경

② 할머니는 다리가 아프셔서 병원에 다니신다. - ㉠ 간접 존경

③ 언니는 아버지가 너무 건강을 염려하신다고 말했다. - 직접 존경

④ 할아버지는 젊었을 때부터 수염이 많으셨다고 들었다. - ㉠ 간접 존경

주어인 '자식, 다리, 수염'은
각각 '고모, 할머니, 할아버지'와 긴밀한 관련을 가지므로
㉠ 간접 존경에 해당한다

01 다음 글에서 추론한 내용으로 적절하지 않은 것은?

한 문장이 하나의 성분처럼 기능하는 다른 문장을 안고 있을 때 그것을 안은문장이라 하고, 이때 하나의 성분처럼 기능하는 문장을 안긴문장이라 한다. 안긴문장에는 명사절, 관형절, 부사절, 서술절, 인용절이 있다. 명사절은 '-(으)ㅁ', '-기'가 붙어 만들어지며 문장 안에서 조사와 결합하여 주어, 목적어, 부사어와 같은 다양한 기능을 한다. 관형절은 '-(으)ㄴ', '-는', '-(으)ㄹ' 등이 붙어 뒤의 체언을 꾸민다. 부사어처럼 용언을 수식하는 기능을 하는 부사절은 '-이', '-게', '-도록' 등이 결합하여 이루어진다. 그리고 절 전체가 서술어의 기능을 하는 서술절은 다른 절들과 달리 특별한 표지(標識)가 붙지 않는다. 끝으로 다른 사람의 말이나 자신의 생각 등을 인용한 것을 인용절이라고 하는데, 문장을 그대로 인용하는 직접 인용절에는 '라고'나 '하고'와 같은 조사가, 말하는 사람의 표현으로 바꾸어 인용하는 간접 인용절에는 '고'와 같은 조사가 쓰인다. 한편 안긴문장의 한 요소가 안은문장의 요소와 동일한 경우 생략될 수 있으며, 하나의 안긴문장 안에 또 다른 문장이 안기기도 한다.

① 그 시험이 쉬워지기는 불가능하다. － 명사절을 안은 문장
② 얼굴이 빛이 나게 잘생겼다. － 부사절을 안은 문장
③ 철수는 잘 그려진 그림을 버리지 않았다. － 관형절을 안은 문장
④ 영희의 바람은 합격이 통보됨으로써 이루어졌다. － 부사절을 안은 문장

01 다음 글에서 추론한 내용으로 적절하지 않은 것은?

한 문장이 하나의 성분처럼 기능하는 다른 문장을 안고 있을 때 그것을 안은문장이라 하고, 이때 하나의 성분처럼 기능하는 문장을 안긴문장이라 한다. 안긴문장에는 ①명사절, ②관형절, ③부사절, ④서술절, ⑤인용절이 있다. ①명사절은 '-(으)ㅁ', '-기'가 붙어 만들어지며 문장 안에서 조사와 결합하여 주어, 목적어, 부사어와 같은 다양한 기능을 한다. ②관형절은 '-(으)ㄴ', '-는', '-(으)ㄹ' 등이 붙어 뒤의 체언을 꾸민다. 부사어처럼 용언을 수식하는 기능을 하는 ③부사절은 '-이', '-게', '-도록' 등이 결합하여 이루어진다. 그리고 절 전체가 서술어의 기능을 하는 ④서술절은 다른 절들과 달리 특별한 표지(標識)가 붙지 않는다. 끝으로 다른 사람의 말이나 자신의 생각 등을 인용한 것을 ⑤인용절이라고 하는데, 문장을 그대로 인용하는 직접 인용절에는 '라고'나 '하고'와 같은 조사가, 말하는 사람의 표현으로 바꾸어 인용하는 간접 인용절에는 '고'와 같은 조사가 쓰인다. 한편 안긴문장의 한 요소가 안은문장의 요소와 동일한 경우 생략될 수 있으며, 하나의 안긴문장 안에 또 다른 문장이 안기기도 한다.

① 그 시험이 쉬워지기는 불가능하다. - 명사절을 안은 문장 (○)

② 얼굴이 빛이 나게 잘생겼다. - 부사절을 안은 문장 (○)

③ 철수는 잘 그린 그림을 버리지 않았다. - 관형절을 안은 문장 (○)

④ 영희의 바람은 합격이 통보됨으로써 이루어졌다. - 부사절을 안은 문장
　　　　　　　　　　　　　　　　　　　　　　명사

DAY

17 亦(역)功(공) 통사론 문제 훈련

01 다음 글에서 추론한 내용으로 적절하지 않은 것은?

> 문장 성분이란 문장에서 일정한 문법적인 기능을 하는 부분을 의미한다. 이러한 문장 성분은 체언 뒤에 붙는 격조사에 따라 결정되는 경우가 있다. 가령, 주격 조사 '이/가, 에서, 께서, 서'가 결합되면 주어, 목적격 조사 '을/를'이 결합되면 목적어, 부사격 조사 '에서, 로, 와/과 등'이 결합되면 부사어가 된다.
> 다만 여기에서 주의해야 할 것이 있다. 첫째, '에서'는 문장의 쓰임에 따라 주격 조사(정부에서 지원금을 주었다.) 혹은 부사격 조사(나는 집에서 밥을 먹었다.)가 될 수 있다. 둘째, '이/가'는 문장의 쓰임에 따라 주격 조사(철수가 밥을 먹었다.) 혹은 보격 조사[철수가 공무원이 되었다(아니다).]가 될 수 있다.

① '엄마는 뷔를 사위로 삼았다.'에서 '사위로'는 부사어라고 볼 수 있다.
② '영희가 미녀가 아니다'에서 '미녀가'는 주어라고 볼 수 있다.
③ '학교에서 전국 대회에서 우승을 차지했다.'의 '학교에서'는 주어라고 볼 수 있다.
④ '영자가 밥을 먹었다'의 '밥을'은 목적어라고 볼 수 있다.

1. 정답인 이유

2. 틀린 답인 이유(나의 약점)

02 다음 글의 ㉠, ㉡의 사례로 적절하지 않은 것은?

현대 국어에서 사동 표현은 주동문의 동사나 형용사 어근에 사동 접미사 '-이-, -히-, -리-, -기-, -우-, -구-, -추-'가 붙거나, '-게 하다'에 의해 만들어진다. 사동이란 주어가 제3자에게 어떤 행위를 시키는 의미를 나타낸다.

㉠ 서술어가 형용사나 자동사인 주동문을 사동문으로 바꿀 때, 주동문의 주어가 사동문의 목적어가 되며 사동문의 주어가 새로 도입된다. 이는 주동문 (ㄱ)과 사동문 (ㄴ)을 살펴보면 알 수 있는데, 서술어의 자릿수에도 변화가 일어난다.

(ㄱ) 얼음이 녹는다.
(ㄴ) 아이들이 얼음을 녹인다.

한편 ㉡ 서술어가 타동사인 주동문을 사동문으로 바꿀 때, 주동문의 주어는 사동문의 부사어가 되고 주동문의 목적어는 그대로 사동문의 목적어가 되며 사동문의 주어가 새로 도입된다. 이는 주동문 (ㄷ)과 사동문 (ㄹ)을 살펴보면 알 수 있는데, 서술어의 자릿수에도 변화가 일어난다.

(ㄷ) 영희가 책을 읽었다.
(ㄹ) 선생님께서 영희에게 책을 읽히셨다.

① ㉠ 사람들이 도로를 넓혔다.
② ㉠ 도둑이 경찰에게 잡혔다.
③ ㉡ 엄마가 아이에게 밥을 먹였다.
④ ㉡ 철수가 영희에게 신발을 신겼다.

1. 정답인 이유

2. 틀린 답인 이유(나의 약점)

Chapter
03 음운론

2025년에는 문법 문제는 문법과 독해가 결합된 형태로 나올 예정입니다.
2024 이전에는 문법 문제가 2문제가 나왔던 반면,
2025년부터는 1문제가 늘어 **문법 문제가 3문제**가 나올 예정이므로
최고의 '0순위 최빈출' 유형임을 알 수 있습니다.

시험 현장에서 문법을 독해 유형처럼 풀어내 버린다면
국어에 30분 이상 투자해야 하는 불상사가 일어날 수 있습니다.
그 부분은 정말 피하고 싶습니다. 국어뿐만 아니라 다른 과목에도 악영향을 줄 수 있기 때문입니다.

따라서 이 문제 유형을 정복하려면
1) 출종포 문법에서 음운론의 개념과 최빈출 문법 예시에 대해서 암기하고
2) 이를 적용하여야 합니다. 단, 막히는 경우에 제시문을 참고하여야 합니다.

정답 및 해설 p.197

 음운론 Pick!

01 다음 글에서 추론한 내용으로 적절하지 않은 것은?

> 국어에는 발음을 자연스럽게 하는 상황에서 어떠한 자음 두 개를 연달아 발음하는 것이 어려워 발생하는 음운 변동들이 있다. 가령 '국'과 '물'은 따로 발음하면 제 소리대로 [국]과 [물]로 발음되지만, '국물'처럼 'ㄱ'과 'ㅁ'을 연달아 발음하게 되면 예외 없이 비음화가 일어나 'ㄱ'이 [ㅇ]으로 바뀐다. 이것은 국어에서 장애음과 비음을 자연스럽게 연달아 발음하는 것이 어려워 일어나는 현상이다. '국화[구콰]', '좋다[조ː타]'처럼 예사소리와 'ㅎ'이 거센소리로 축약되는 현상도 국어에서 연달아 발음하는 것이 어려운 자음들이 이어질 때 발생하는 음운 변동으로 볼 수 있다. 비음화와 자음 축약은 장애음 뒤에 비음이 이어질 때, 'ㅎ'의 앞이나 뒤에서 예사소리가 이어질 때와 같이 음운과 관련된 조건만으로 규칙성을 파악할 수 있다.
> 국어에서 일어나는 된소리되기를 살펴보면, 예사소리인 파열음 'ㅂ, ㄷ, ㄱ' 뒤에 예사소리 'ㅂ, ㄷ, ㄱ, ㅅ, ㅈ'이 연달아 발음되기 어려워, 뒤에 오는 예사소리가 반드시 된소리로 바뀐다. 예를 들면, '국밥'은 반드시 [국빱]으로 발음된다. 이와 같은 현상은 필수적으로 일어나기 때문에 [갑짜기]로 발음되는 단어를 '갑자기'로 표기하더라도 발음할 때에는 예외 없이 [갑짜기]가 된다.

① '닫는[단는]'은 장애음과 비음을 자연스럽게 연달아 발음하는 것이 어려워 일어나는 현상이다.
② '법학[버팍]'은 예사소리와 'ㅎ'이 거센소리로 축약되는 현상이다.
③ '안방[안빵]'은 국어에서 일어나는 된소리되기 현상에 해당된다.
④ '잡고'는 [잡꼬]로 발음되더라도 '잡고'라고 표기하여야 한다.

TYPE 1 음운론 Pick!

01 다음 글에서 추론한 내용으로 적절하지 않은 것은?

국어에는 발음을 자연스럽게 하는 상황에서 어떠한 자음 두 개를 연달아 발음하는 것이 어려워 발생하는 음운 변동들이

①의 예
있다. 가령 '국'과 '물'은 따로 발음하면 제 소리대로 [국]과 [물]로 발음되지만, '국물'처럼 'ㄱ'과 'ㅁ'을 연달아 발음하게 되면

예외 없이 비음화가 일어나 'ㄱ'이 [ㅇ]으로 바뀐다. 이것은 국어에서 장애음과 비음을 자연스럽게 연달아 발음하는 것이

②의 예
어려워 일어나는 현상이다. '국화[구콰]', '좋다[조 : 타]'처럼 예사소리와 'ㅎ'이 거센소리로 축약되는 현상도 국어에서 연달아

①   ②   ①
발음하는 것이 어려운 자음들이 이어질 때 발생하는 음운 변동으로 볼 수 있다. 비음화와 자음 축약은 장애음 뒤에 비음이

②
이어질 때, 'ㅎ'의 앞이나 뒤에서 예사소리가 이어질 때와 같이 음운과 관련된 조건만으로 규칙성을 파악할 수 있다.

③   ③의 예
국어에서 일어나는 된소리되기를 살펴보면, 예사소리인 파열음 'ㅂ, ㄷ, ㄱ' 뒤에 예사소리 'ㅂ, ㄷ, ㄱ, ㅅ, ㅈ'이 연달아

③의 예
발음되기 어려워, 뒤에 오는 예사소리가 반드시 된소리로 바뀐다. 예를 들면, '국밥'은 반드시 [국빱]으로 발음된다. 이와

③의 예
같은 현상은 필수적으로 일어나기 때문에 [갑짜기]로 발음되는 단어를 '갑자기'로 표기하더라도 발음할 때에는 예외 없이

[갑짜기]가 된다.

① '닫는[단는]'은 장애음과 비음을 자연스럽게 연달아 발음하는 것이 어려워 일어나는 현상이다. (○)

② '법학[버팍]'은 예사소리와 'ㅎ'이 거센소리로 축약되는 현상이다. (○)

③ '안방[안빵]'은 국어에서 일어나는 된소리되기 현상에 해당된다. (×)
                                            사잇소리
④ '잡고'는 [잡꼬]로 발음되더라도 '잡고'라고 표기하여야 한다. (○)

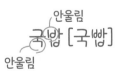

안울림   안울림
국ㅣ밥 [국빱]   VS   안ㅣ방 [안빵]
안울림   울림

⇒ 된소리되기   ⇒ 사잇소리 현상

PART
08

01 〈보기〉의 표준 발음 자료를 탐구한 내용으로 적절하지 않은 것은?

┌─[보기]─────────────────────────────────┐

　　표준 발음법에는 "받침소리로는 'ㄱ, ㄴ, ㄷ, ㄹ, ㅁ, ㅂ, ㅇ'의 7개 자음만 발음한다"는 제8항이 기재되어 있다. 이 조항은 ⓐ 받침 발음의 원칙을 규정한 것이다. 어말이나 자음 앞에서 모든 받침은 제시된 7개의 자음 중 하나로만 발음할 수 있을 뿐이다. 이 원칙을 지키기 위해 두 가지 음운 변동이 적용된다. 하나는 ㉠ 자음이 탈락되는 것이고 다른 하나는 ㉡ 자음이 다른 자음으로 교체되는 것이다. '맑다[막따]'는 자음이 탈락되는 경우에 해당되며 '밖[박]'은 자음이 다른 자음으로 교체되는 경우에 해당된다.

└──────────────────────────────────────┘

① '읽다[익따]'는 ⓐ를 지키기 위해 ㉠이 적용되었다.
② '밟는[밤ː는]'은 ⓐ를 지키기 위해 ㉠, ㉡이 모두 적용되었다.
③ '닭지[닥찌]'는 ⓐ를 지키기 위해 ㉡이 적용되었다.
④ '읊기[읍끼]'는 ⓐ를 지키기 위해 ㉠, ㉡이 모두 적용되었다.

01 〈보기〉의 표준 발음 자료를 탐구한 내용으로 적절하지 <u>않은</u> 것은?

┌─[보기]
표준 발음법에는 "받침소리로는 'ㄱ, ㄴ, ㄷ, ㄹ, ㅁ, ㅂ, ㅇ'의 7개 자음만 발음한다"는

①

제8항이 기재되어 있다. 이 조항은 ⓐ <u>받침 발음의 원칙</u>을 규정한 것이다. 어말이나 자음

앞에서 모든 받침은 제시된 7개의 자음 중 하나로만 발음할 수 있을 뿐이다. 이 원칙을

①- 1 ┌ 자음군 단순화

지키기 위해 두 가지 음운 변동이 적용된다. 하나는 ㉠ <u>자음이 탈락</u>되는 것이고 다른 하나는

①- 2   ㉠

㉡ <u>자음이 다른 자음으로 교체</u>되는 것이다. '맑다[막따]'는 <u>자음이 탈락되는 경우</u>에 해당되며

└ 음절의 끝소리 규칙

㉡

'밖[박]'은 <u>자음이 다른 자음으로 교체되는 경우</u>에 해당된다.

㉠

(○) ① '읽다[익따]'는 ⓐ를 지키기 위해 ㉠이 적용되었다. [읽다 → (자음군 단순화, 된소리되기) → 익따]

㉠

(②) ② '밟는[밤ː는]'은 ⓐ를 지키기 위해 ㉠, ~~㉡~~이 모두 적용되었다. [밟는 → (자음군 단순화) → 밥ː는 → (비음화) → 밤ː는]

㉡

(○) ③ '닭지[닥찌]'는 ⓐ를 지키기 위해 ㉡이 적용되었다. [닭지 → (음·끝·규, 된소리되기) → 닥찌]

㉠   ㉡

(○) ④ '읊기[읍끼]'는 ⓐ를 지키기 위해 ㉠, ㉡이 모두 적용되었다. [읊기 → (자음군 단순화) → 읖기 → (음·끝·규, 된소리되기) → 읍끼]

┌ 구조도 ─────────
│   ┌ ㉠ 자음군 단순화(탈락)
│ ⓐ 받침 발음의 원칙 ┤
│   └ ㉡ 음절의 끝소리 규칙(교체)

DAY
18

亦功 음운론 문제 훈련
역 공

01 다음 글에서 추론한 내용으로 적절하지 않은 것은?

> 모음은 발음할 때 입술 모양이나 혀의 위치가 변하지 않는 '단모음', 입술 모양이나 혀의 위치가 발음 도중에 변하는 '이중 모음'으로 나눌 수 있다. 표준어 규정에 다르면 'ㅏ, ㅐ, ㅓ, ㅔ, ㅗ, ㅚ, ㅜ, ㅟ, ㅡ, ㅣ'는 단모음으로 발음해야 한다. 이중 모음은 홀로 쓰일 수 없는 소리인 '반모음'과 단모음이 결합한 모음이다. 예를 들어 이중 모음인 'ㅕ'의 발음은, 'ㅣ'를 짧게 발음하는 것과 유사한 반모음 '[j]'에 'ㅓ'가 결합한 소리이다. 이와 마찬가지로 'ㅑ, ㅒ, ㅖ, ㅛ, ㅠ, ㅖ' 발음은 반모음 '[j]'와 단모음이 결합한 소리이다. 'ㅗ'나 'ㅜ'를 짧게 발음하는 것과 유사한 반모음인 '[w]'도 있는데 'ㅘ, ㅙ, ㅝ, ㅞ'의 발음은 반모음 '[w]'에 단모음 'ㅏ, ㅐ, ㅓ, ㅔ'가 결합한 소리이다. 반모음이 단모음의 뒤에서 결합한 소리인 'ㅢ'를 제외하고 이중 모음의 발음은 모두 반모음이 단모음 앞에서 결합한 소리이다. 그런데 'ㅚ'와 'ㅟ'는 단모음으로 발음하는 것이 원칙이지만 현실에서 이중 모음으로 발음하는 경우가 많다. '표준어 규정'에서도 현실 발음을 고려하여 이와 같은 예외적인 경우를 허용하고 있다.

① 'ㅐ'는 발음할 때 입술 모양이나 혀의 위치가 변하지 않는다.
② 단모음이라도 이중모음으로 발음하는 것을 허용하는 경우가 있다.
③ 반모음 '[j]'와 '[w]'는 모두 홀로 쓰일 수 없다.
④ 이중 모음 'ㅠ' 발음은 단모음 'ㅜ' 뒤에서 반모음 '[j]'가 결합한 소리이다.

---

1. 정답인 이유

_____

_____

2. 틀린 답인 이유(나의 약점)

_____

_____

02 다음 글에서 추론한 내용으로 적절하지 않은 것은?

두 단어 또는 형태소가 결합하여 만들어진 합성어의 두 요소 사이에 'ㅅ'을 표기할 때 이를 사이시옷이라고 말한다. 사이시옷을 표기하는 경우는 다음과 같다. 먼저 두 단어가 결합하는 형태가 고유어와 고유어의 결합, 고유어와 한자어의 결합, 한자어와 고유어의 결합으로 이루어진 합성어인 경우 사이시옷을 표기할 수 있다. 단일어나 파생어에는 사이시옷이 표기되지 않고, 외래어가 포함된 합성어나 한자어만으로 구성된 합성어의 경우에 사이시옷은 표기되지 않는다. 그런데 '곳간(庫間), 셋방(貰房), 숫자(數字), 찻간(車間), 툇간(退間), 횟수(回數)' 여섯 가지 한자어에서는 예외적으로 사이시옷을 표기한다. 또한 이러한 합성어의 앞말이 모음으로 끝나고 두 단어가 결합하여 발생하는 음운론적 현상이 다음 중 하나에 해당해야 한다. 첫째는 뒷말의 첫소리가 된소리로 바뀌는 경우, 둘째는 뒷말의 첫소리 'ㄴ, ㅁ' 앞에서 'ㄴ' 소리가 덧나는 경우, 셋째는 뒷말의 첫소리 모음 앞에서 'ㄴ, ㄴ' 소리가 덧나는 경우이다. 예를 들어 '배+사공'의 경우에는 뒷말의 첫소리가 된소리로 바뀌므로 '뱃사공[배싸공/밷싸공]'으로 표기해야 하며, '수도+물'의 경우에는 뒷말의 첫소리 'ㄴ, ㅁ' 앞에서 'ㄴ' 소리가 덧나므로 '수돗물[수돈물]'로 표기해야 하며, '깨+잎'의 경우에는 뒷말의 첫소리 모음 앞에서 'ㄴ, ㄴ' 소리가 덧나므로 '깻잎[깬닙]'으로 표기해야 한다.

① '나뭇잎[나문닙]'은 뒷말의 첫소리 모음 앞에서 'ㄴ, ㄴ' 소리가 덧나 사이시옷을 표기한 경우이다.
② '가욋일[가원닐]'은 한자어 '가외(加外)'와 고유어 '일'이 결합한 합성어이므로 사이시옷을 표기할 수 있다.
③ '촛불[초뿔]'은 뒷말의 첫소리가 된소리로 바뀌어 사이시옷을 표기한 경우이다.
④ '콧날[콘날]'은 뒷말의 첫소리 모음 앞에서 'ㄴ, ㄴ' 소리가 덧나 사이시옷을 표기한 경우이다.

1. 정답인 이유

2. 틀린 답인 이유(나의 약점)

박혜선 국어
독해 신유형 공부

정답 및 해설

Part 01 세트형(어휘, 지시 대상)

Chapter 01 어휘 – 문맥적 의미 추론

p.24

2025 독해신공! PIN POINT+

01 ▶ ③ [어휘 – 문맥적 의미 추론]
'㉠ 돌아가다'는 '2【…에/에게】【…으로】『1』원래의 있던 곳으로 다시 가거나 다시 그 상태가 되다.'를 의미한다. 이와 관련된 의미로 가장 가까운 것은 '동심으로 돌아가고 싶었다.'이다.

오답풀이 ① 3【…으로】『1』일이나 형편이 어떤 상태로 끝을 맺다.
② 1『2』차례나 몫, 승리, 비난 따위가 개인이나 단체, 기구, 조직 따위의 차지가 되다.
④ 1『6』돈이나 물건 따위의 유통이 원활하다.

02 ▶ ① [어휘 – 문맥적 의미 추론]
제시문에 있는 ㉠의 문맥적 의미는 '계획, 방안 따위를 정하거나 짜다.'의 뜻으로, ①의 '방학 계획을 세웠다'의 '세웠다'가 가장 유사한 뜻으로 쓰였다.

오답풀이 ② '실적을 올리는 데 공을 세웠다'의 '세웠다'는 '공로나 업적 따위를 이룩하다.'의 뜻으로 쓰였다.
③ '잘 자르기 위해 톱날을 세웠다'의 '세웠다'는 '무딘 것을 날카롭게 하다.'의 뜻으로 쓰였다.
④ '노력을 기울여 전통을 세웠다'의 '세웠다'는 '질서나 체계, 규율 따위를 올바르게 하거나 짜다.'의 뜻으로 쓰였다.

03 ▶ ① [어휘 – 문맥적 의미 추론]
제시문에 있는 ㉠의 문맥적 의미는 '어떤 일이 생기다'의 뜻으로, ①의 '수많은 사건이 일어난 해였다.'의 '일어난'이 가장 유사한 뜻으로 쓰였다.

오답풀이 ② '기쁨으로 인해 환호성이 일어났다.'의 '일어났다'는 '소리가 나다'의 뜻으로 쓰였다.
③ '집안이 다시 일어나게 되었다.'의 '일어나게'는 '약하거나 희미하던 것이 성하여지다'의 뜻으로 쓰였다.
④ '그 사람에 대해 경계심이 일어나지 않을 수 없었다.'의 '일어나지'는 '어떤 마음이 생기다'의 뜻으로 쓰였다.

01 ▶ ② [어휘 – 문맥적 의미 추론]
제시문에 있는 ㉠의 문맥적 의미는 '【…을 …으로】설명하거나 증명하기 위하여 사실을 가져다 대다.'의 뜻으로, ②의 '진술을 증거로 들고 있다.'의 '들고'가 가장 유사한 뜻으로 쓰였다.

오답풀이 ① '친근감이 든다.'의 '든다'는 '의식이 회복되거나 어떤 생각이나 느낌이 일다.'의 뜻으로 쓰였다.
③ '대가의 경지에 든 학자이다'의 '든'은 '어떤 처지에 놓이다.'의 뜻으로 쓰였다.
④ '하반기에 들자 수출이 서서히…'의 '들자'는 '((주로 '…(에) 들어, 들자' 꼴로 쓰여)) 어떠한 시기가 되다.'의 뜻으로 쓰였다.

02 ▶ ④ [어휘 – 문맥적 의미 추론]
제시문에 있는 ㉠의 문맥적 의미는 '책임이나 의무를 맡다.'의 뜻으로, ④의 '큰 부담을 지고 있다'의 '지고'가 가장 유사한 뜻으로 쓰였다.

오답풀이 ① '신세만 지기가 미안하다.'의 '지기가'는 '신세나 은혜를 입다.'의 뜻으로 쓰였다.
② '그 문제로 원수를 지게 되었다.'의 '지게'는 '어떤 좋지 아니한 관계가 되다.'의 뜻으로 쓰였다.
③ '배낭을 진 채 여행을 떠났다.'의 '진'은 '물건을 짊어서 등에 얹다.'의 뜻으로 쓰였다.

03 ▶ ③ [어휘 – 문맥적 의미 추론]
제시문에 있는 ㉠의 문맥적 의미는 '어떤 과정이나 단계를 겪거나 밟다.'의 뜻으로, ③의 '과정을 거쳐서 진행된 것이다.'의 '거쳐서'가 가장 유사한 뜻으로 쓰였다.

오답풀이 ① '발길에 자꾸 거쳐 다니기가…'의 '거쳐'는 '무엇에 걸리거나 막히다.'의 뜻으로 쓰였다.
② '학교 앞 사거리를 거쳐서 회사로 간다.'의 '거쳐서'는 '오가는 도중에 어디를 지나거나 들르다.'의 뜻으로 쓰였다.
④ '해결하여 마음에 거칠 것이 없어졌다.'의 '거칠'은 '마음에 거리끼거나 꺼리다.'의 뜻으로 쓰였다.

04 ▶ ① [어휘 – 문맥적 의미 추론]
제시문에 있는 ㉠의 문맥적 의미는 '값, 기온, 수준, 형세 따위가 낮아지거나 내려가다.'의 뜻으로, ①의 '기온이 영하로 떨어졌다.'의 '떨어졌다'가 가장 유사한 뜻으로 쓰였다.

오답풀이 ② '내게 100원이 떨어졌다'의 '떨어졌다'는 '이익이 남다.'의 뜻으로 쓰였다.

③ '입맛이 떨어지고 기운이 없다'의 '떨어지고'는 '입맛이 없어지다.'의 뜻으로 쓰였다.

④ '신발이 떨어져서 걸을 때마다…'의 '떨어져서'는 '옷이나 신발 따위가 해어져서 못 쓰게 되다.'의 뜻으로 쓰였다.

Chapter 02 어휘 - 바꿔 쓸 수 있는 유사한 표현

TYPE 01

01 ▶ ③ [어휘 - 바꿔 쓸 수 있는 유사한 표현]

'거듭나다'는 '지금까지의 방식이나 태도를 버리고 새롭게 시작하다.'를 의미한다. 따라서 '본디의 자리나 상태로 되돌아가다.'를 의미하는 '복귀하다'는 ⓒ과 바꿔쓸 수 있는 유사한 표현으로 적절하지 않다.

오답풀이 ① ㉠ '견주다'는 '둘 이상의 사물을 질이나 양 따위에서 어떠한 차이가 있는지 알기 위해 맞대어 보거나 비교하다.'를 의미하므로 '비교하다'로 바꿔쓸 수 있음을 알 수 있다.

② ㉡ '바라다'는 '생각대로 되기를 원하다.'를 의미하므로 '희망하다'로 바꿔쓸 수 있음을 알 수 있다.

④ ㉣ '퍼지다'는 '어떤 물질이나 현상 따위가 넓은 범위에 미치다.'를 의미하므로 '분포되다'로 바꿔쓸 수 있음을 알 수 있다.

p.32

2025 독해신공! PIN POINT+

01 ▶ ③ [어휘 - 바꿔 쓸 수 있는 유사한 표현]

'조명(照明: 照 비칠 조 明 밝을 명)되다'는 '어떤 대상이 일정한 관점으로 바라보이다.'를 의미한다. 따라서 '진리, 가치, 옳고 그름 따위가 판단되어 드러나 알려지다.'를 의미하는 '밝혀지다'는 ⓒ와 바꿔 쓸 수 있는 표현으로 적절하지 않다. ⓒ와 바꿔 쓰기에 적절한 단어로는 '어떤 사실이 판단되어 명백하게 밝혀지다.'의 뜻을 지닌 '판명(判明: 判 판단할 판 明 밝을 명)되다'가 있을 수 있다.

오답풀이 ① '존재(存在: 存 있을 존 在 있을 재)하다'는 '현실에 실재하다.'를 의미한다. 따라서 '어떤 사실이나 현상이 현실로 존재하는 상태이다.'를 의미하는 '있다'는 ⓐ와 바꿔 쓸 수 있다.

② '보유(保有: 保 지킬 보 有 있을 유)하다'는 '가지고 있거나 간직하고 있다.'를 의미한다. 따라서 '손이나 몸 따위에 있게 하다.'를 의미하는 '가지다'는 ⓑ와 바꿔 쓸 수 있다.

④ '생성(生成: 生 날 생 成 이룰 성)되다'는 '사물이 생겨나다.'를 의미한다. 따라서 '노력이나 기술 따위를 들여 목적하는 사물을 이루다.'를 의미하는 '만들다'는 ⓓ와 바꿔 쓸 수 있다.

02 ▶ ③ [어휘 - 바꿔 쓸 수 있는 유사한 표현]

'결합(結合: 結 맺을 결 合 합할 합)하다'는 '둘 이상의 사물이나 사람이 서로 관계를 맺어 하나가 되다.'를 의미한다. 따라서 '몇 가지 부분이나 요소들을 모아 일정한 성질이나 모양을 가진 존재가 되게 하다.'를 의미하는 '이루다'는 ⓒ와 바꿔 쓸 수 있는 표현으로 적절하지 않다. ⓒ와 바꿔 쓰기에 적절한 단어로는 '몇 가지 부분이나 요소들을 모아서 일정한 전체를 짜 이루다.'의 뜻을 지닌 '구성(構成: 構 얽을 구 成 이룰 성)하다'가 있을 수 있다.

오답풀이 ① '간주(看做: 看 볼 간 做 지을 주)되다'는 '상태, 모양, 성질 따위가 그와 같다고 여겨지다.'를 의미한다. 따라서 '마음속으로 그러하다고 인정하거나 생각하다.'를 의미하는 '여기다'의 피동형인 '여겨지다'는 ⓐ와 바꿔 쓸 수 있다.

② '대두(擡頭: 擡 들 대 頭 머리 두)하다'는 '어떤 세력이나 현상이 새롭게 나타나다.'를 의미한다. 따라서 '어떤 새로운 현상이나 사물이 발생하거나 생겨나다.'를 의미하는 '나타나다'는 ⓑ와 바꿔 쓸 수 있다.

④ '전개(展開: 展 펼 전 開 열 개)하다'는 '내용을 진전시켜 펴 나가다.'를 의미한다. 따라서 '생각 따위를 전개하거나 발전시키다.'를 의미하는 '펼치다'는 ⓓ와 바꿔 쓸 수 있다.

03 ▶ ① [어휘 - 바꿔 쓸 수 있는 유사한 표현]

'도출(導出: 導 인도할 도 出 날 출)되다'는 '판단이나 결론 따위가 이끌려 나오다.'를 의미한다. 따라서 '어떠한 근원에서 발생하다.'를 의미하는 '나오다'는 ⓐ와 바꿔 쓸 수 있는 표현으로 적절하다.

오답풀이 ② '구성(構成: 構 얽을 구 成 이룰 성)되다'는 '몇 가지 부분이나 요소들이 모여 일정한 전체가 짜여 이루어지다.'를 의미한다. 따라서 '없던 것이 새로 있게 되다.'를 의미하는 '생기다'는 ⓑ와 바꿔 쓸 수 없다.

③ '봉인(封印: 封 봉할 봉 印 도장 인)하다'는 '밀봉한 자리에 도장을 찍다.'를 의미한다. 따라서 '일정한 범위나 공간을 빈틈없이 휩싸다.'를 의미하는 '덮다'는 ⓒ와 바꿔 쓸 수 없다.

④ '주시(주시: 注 부을 주 視 볼 시)하다'는 '어떤 목표에 주의를 집중하여 봄.'을 의미한다. 따라서 「1」 위에서 아래를 향하여 보다. 「2」 자기보다 한층 낮추어 보다.'를 의미하는 '내려다보다'는 ⓓ와 바꿔 쓸 수 없다.

DAY 02 어휘 - 바꿔 쓸 수 있는 유사한 표현 p.36

01 ▶ ① [어휘 - 바꿔 쓸 수 있는 유사한 표현]

'고안(考案: 考 생각할 고 案 책상 안)하다'는 '연구하여 새로운 안을 생각해 내다.'를 의미한다. 따라서 '노력이나 기술 따위를 들여 목적하는 사물을 이루다.'를 의미하는 '만들다'는 ㉠과 바꿔 쓸 수 있는 표현으로 적절하다.

[오답풀이] ② '소지(所持 : 所 바 소 持 가질 지)하다'는 '물건을 지니고 있다.'를 의미한다. 따라서 '바탕으로 갖추고 있다.'를 의미하는 '지니다'는 ㉡과 바꿔 쓸 수 없다.

③ '설정(設定 : 設 베풀 설 定 정할 정)하다'는 '새로 만들어 정해 두다.'를 의미한다. 따라서 '마음속으로 그러하다고 인정하거나 생각하다.'를 의미하는 '여기다'는 ㉢과 바꿔 쓸 수 없다.

④ '시사되다'는 '시사(示唆 : 示 보일 시 唆 부추길 사)하다'의 피동 표현으로 '어떤 것을 미리 간접적으로 표현해 주다.'를 의미한다. 따라서 '있어야 할 것을 가지거나 차리다.'를 의미하는 '갖추다'는 ㉣과 바꿔 쓸 수 없다.

02 ▶ ③ [어휘 – 바꿔 쓸 수 있는 유사한 표현]
'연상(聯想 : 聯 연이을 연(련) 想 생각 상)하다'는 '하나의 관념이 다른 관념을 불러일으키다.'를 의미한다. 따라서 '기억을 되살려 내거나 잘 구상되지 않던 생각을 나게 하다.'를 의미하는 '떠오르다'의 사동 표현인 '떠올리다'는 ㉢과 바꿔 쓸 수 있다.

[오답풀이] ① '봉합(縫合 : 縫 꿰맬 봉 合 합할 합)하다'는 '수술을 하려고 절단한 자리나 외상으로 갈라진 자리를 꿰매어 붙이다.'를 의미한다. 따라서 '여럿을 모아 한 덩어리나 한 판이 되게 하다.'를 의미하는 '아우르다'는 ㉠과 바꿔 쓸 수 없다.

② '보증(保證 : 保 지킬 보 證 증거 증)하다'는 '어떤 사물이나 사람에 대하여 책임지고 틀림이 없음을 증명하다.'를 의미한다. 따라서 「1」 무엇을 옮겨다가 가지게 하다. 「2」 어떤 상태나 결과를 낳게 하다.'를 의미하는 '가져다주다'는 ㉡과 바꿔 쓸 수 없다.

④ '의지(依支 : 依 의지할 의 支 지탱할 지)하다'는 '다른 것에 마음을 기대어 도움을 받다.'를 의미한다. 따라서 '곧바로 말하지 아니하고 빙 둘러서 말하다.'를 의미하는 '빗대다'는 ㉣과 바꿔 쓸 수 없다.

03 ▶ ② [어휘 – 바꿔 쓸 수 있는 유사한 표현]
'표시(標示 : 標 표할 표 示 보일 시)하다'는 '표를 하여 외부에 드러내 보이다.'를 의미한다. 따라서 '보이지 아니하던 어떤 대상이 모습을 드러내다.'를 의미하는 '나타내다'는 ㉡과 바꿔 쓸 수 있다.

[오답풀이] ① '제조(製造 : 製 지을 제 造 지을 조)되다'는 「1」 공장에서 큰 규모로 물건이 만들어지다. 「2」 원료에 인공이 가하여져 정교한 제품이 만들어지다.'를 의미한다. 따라서 '(물건이) 재료나 소재 따위에 노력이나 기술이 들여져 이루어지다.'를 의미하는 '만들어지다'는 ㉠과 바꿔 쓸 수 없다.

③ 발생(發生 : 發 필 발 生 날 생)되다'는 '어떤 일이나 사물이 생겨나게 되다.'를 의미한다. 따라서 '몇 가지 부분이나 요소가 모여 일정한 성질이나 모양을 가진 존재가 되다.'를 의미하는 '이루어지다'는 ㉢과 바꿔 쓸 수 없다.

④ '인정(認定 : 認 알 인 定 정할 정)하다'는 '확실히 그렇다고 여기다.'를 의미한다. 따라서 '방법이나 수단을 써서 모르던 것을 알 수 있게 되다.'를 의미하는 '알아내다'는 ㉣과 바꿔 쓸 수 없다.

Chapter 03 지시 대상 추론

TYPE 01

01 ▶ ② [독해(비문학) – 지시 대상 찾기]
㉡, ㉣은 앞에 언급된 스톤헨지를 세운 사람들(스톤헨지의 건설자들)을 가리킨다.

[오답풀이] ㉠은 앞에 언급된 '호일, 톰, 호킨스'를 의미한다.
㉢은 앞에 언급된 '호킨스를 옹호하는 학자들'을 의미한다.

p.40

2025 독해신공! PIN POINT+

01 ▶ ② [독해(비문학) – 지시 대상 찾기]
㉠, ㉡, ㉤은 케인즈학파를 가리키는 말이다. 케인즈학파는 정부의 시장 개입에 찬성하였다.

[오답풀이] ㉢은 시카고학파를 가리키는 말이다. '정부의 시장 개입을 경제의 자연스러운 흐름을 방해하는 요소로 간주'한다는 표현으로 보아 케인즈학파와 반대되는 입장임을 알 수 있다.
㉣은 밀턴 프리드먼 같은 학자들을 가리키는 말이다.
㉥은 시카고학파를 가리키는 말이다.

DAY 03 지시 대상 추론 p.42

01 ▶ ② [독해(비문학) – 지시 대상 찾기]
'㉠ 이러한 세계정신'은 앞의 헤겔의 역사관을 가리키고 있다.
'㉡ 이러한 대의명분'은 '모든 역사적 사건은 세계정신이 자기 자신을 완성해 가는 과정의 일부'를 받으므로 헤겔의 역사관을 가리키고 있음을 알 수 있다.
'㉢이러한 견해'의 앞에서는 헤겔의 역사관을 설명하고, 니체는 헤겔의 역사관을 비판하고 있으므로 '㉢이러한 견해'는 헤겔의 역사관을 가리키고 있음을 알 수 있다.

[오답풀이] '㉣역사의 동력'은 '"힘에의 의지"를 최대한 발휘하여 과거를 해석할 것"을 의미하므로 니체의 역사관에 해당한다.

02 ▶ ② [독해 – 지시 대상 찾기]
㉠, ㉡, ㉣은 흄의 지식을 의미한다. 흄은 지식이 경험에서 기인하는 것이라고 주장하였다.

[오답풀이] ㉢은 칸트의 지식을 의미한다. 칸트는 지식이 경험을 초월하여 우주와 자연 법칙에 대한 보편적인 원리를 제공할 수 있다고 보았다.

Part
03 논리 추론

Chapter 01 반드시 참인 명제

p.62

2025 독해신공! PIN POINT+

01 ▶ ④ [독해 – 논리 추론]

- 오 → 박
  (~박 → ~오)
- 박 → 홍
  (~홍 → ~박)
- ~홍 → ~공
  (공 → 홍)

위의 대우 관계를 비롯하여 볼 때, **매개항이 '~박'**이라는 점에서 **'~홍 → ~박 → ~오'**가 성립되어 '홍 주무관이 회의에 참석하지 않으면, 오 주무관도 참석하지 않는다.'가 참임을 알 수 있다.

오답풀이 ① 공 주무관이 회의에 참석하면, 홍 주무관이 참석하는 것은 알 수 있으나, 박 주무관도 참석할지는 알 수 없다.

② 오 주무관이 회의에 참석하면, 홍 주무관은 참석하므로 옳지 않다.

③ 박 주무관이 회의에 참석하지 않으면, 오 주무관이 참석하지 않는 것은 확실히 알 수 있으나, 공 주무관이 참석할지는 알 수 없다.

02 ▶ ③ [독해 – 논리 추론]

모든 진술들을 기호로 나타내보면 다음과 같다. 이때 원래 부서에 남는 것은 다른 부서 발령의 부정 형태인 '~다른 부서' 형태로 나타낸다.

- 3월 → A 다른 부서
- B 다른 부서 → ~ A 다른 부서
- ~ C 다른 부서 → B 다른 부서

두 번째 전제의 대우명제는 'A 다른 부서 → ~B 다른 부서'이다. 첫 번째 전제 '3월 → A 다른 부서'와 이 명제를 연결지으면, '3월 → A 다른 부서 → ~B 다른 부서'이므로 이를 통해 3월이면 B는 원래 부서에 남는다는 결론을 내릴 수 있다. 따라서 이 명제는 반드시 참인 명제이다.

오답풀이 ① 이 명제는 첫 번째 전제의 역명제이다. 원래 명제가 참이라고 해서 역명제가 참이라는 결론을 내리는 것은 불가능하다. 따라서 이 명제를 반드시 참이라고 할 수는 없다.

② 이 명제는 세 번째 전제의 이명제이다. 원래 명제가 참이라고 해서 이명제가 참이라는 결론을 내리는 것은 불가능하다. 따라서 이 명제를 반드시 참이라고 할 수는 없다.

④ ③에서와 같은 논증을 통해 '3월 → ~B 다른 부서'라는 결론을 내릴 수 있다. 세 번째 전제의 대우명제는 '~B 다른 부서 → C 다른 부서'이다. 따라서 이 두 명제를 연결하면, '3월 → ~B 다른 부서 → C 다른 부서'이므로 3월이면 C는 다른 부서로 발령받는다는 결론을 내릴 수 있다. 따라서 이 명제는 거짓인 명제이다.

03 ▶ ④ [독해 – 논리 추론]

ㄱ. 컴퓨터는 결정론적 법칙의 지배를 받는 시스템이므로 자유의지를 가질 수 없다고 언급되어 있다. 또한 자유 의지가 없다면 도덕적 의무도 귀속시킬 수 없음은 당연하다고 언급되어 있으므로 옳다.

ㄴ. 결정론적 법칙의 지배를 받는다는 것은 도덕적 의무를 귀속받을 수 없다고 하였다. 이의 대우 관계는 '도덕적 의무를 귀속시킬 수 있는 시스템은 결정론적 법칙의 지배를 받지 않는다.'이므로 옳다.

ㄷ. '어떤 선택을 할 때 그것과 다른 선택을 할 수 없는 시스템'은 결정론적 시스템을 의미한다. 결정론적 시스템은 자유의지를 가지지 않으므로 이 선택지도 옳다.

04 ▶ ④ [독해 – 논리 추론]

흰색 옷과 검은색 옷, 고릴라 복장은 모두 시각과 관련된 정보들이다. '인간의 인지는 시각과 밀접하게 관련되어 있다'고 한다면, 고릴라 복장의 사람도 잘 인지했어야 한다. 흰색 옷을 입은 사람이 패스를 몇 번 하는지가 참가자들에 있어 중요한 사안이었기에 고릴라 복장의 사람을 인지하지 못한 것이다. 따라서 '인간은 중요하다고 생각하는 것 위주로 주의를 기울인다'는 서술이 적절하다.

'충분조건'은 해당 조건이 참이라면 결론이 참임을 보장하는 조건이다. 반대로 '필요조건'은 결론이 참이려면 해당 조건이 참이어야 하지만, 해당 조건이 참이라는 것만으로는 결론의 참이 보장되지 않는 조건이다. 위 글에서 밝은 색 옷을 입은 오토바이 운전자가 알아보기 쉬운 것은 맞지만, 모든 경우에 그런 것은 아니라고 하고 있다. 밝은 색 옷을 입어도 알아보지 못하는 경우가 있기 때문이다. 따라서 바라보는 행위는 인지의 충분조건이 아닌 필요조건이라고 하는 것이 적절하다.

● DAY 04 반드시 참인 명제　　　　　p.68

01 ▶ ② [독해 – 논리 추론]

모든 진술들을 기호로 나타내보면 다음과 같다.

- A 지하철 → B 자가용 (대우: ~ B자가용 → ~ A지하철)
- B 자가용 → B, C같이 (대우: ~ (B, C같이) → ~ B자가용)
- D 버스 → ~ (B, C같이) (대우: (B, C같이) → ~ D버스)

정
답
및
해
설

첫 번째와 두 번째 진술을 연결하면, Ⓐ A지하철 → B자가용 → B, C같이이고 첫 번째, 두 번째 진술의 대우명제와 세 번째 진술을 연결하면, Ⓑ D버스 → ~(B, C같이) → ~B자가용 → ~A지하철 이다.

② Ⓑ에서, 'D버스 → ~B자가용'이고 이 명제의 대우명제는 'B자가용 → ~D버스'이다. 따라서 B가 자가용으로 출퇴근하면 D는 버스로 출퇴근하지 않는다.

오답풀이 ① Ⓐ에서, 'A지하철 → B, C같이'이다. 이 선지는 이 명제의 역명제이므로 참, 거짓을 판단할 수 없다.

③ Ⓑ에서, 'D버스 → ~A지하철'이다. 따라서 D가 버스로 출퇴근하면 A는 지하철로 출퇴근하지 않으므로 이 명제는 거짓이다.

④ 이 명제는 두 번째 진술의 이명제이다. 따라서 참, 거짓을 판단할 수 없다.

02 ▶ ① [독해 – 논리 추론]

모든 진술들을 기호를 이용하여 나타내면 다음과 같다. 이때 p → q ≡ ~p ∨ q 라는 것을 이용한다.

> • 음악 → 피아노 ≡ ~피아노 → ~음악 ≡ ~음악 ∨ 피아노
> • ~손가락 → 바이올린 ≡ ~바이올린 → 손가락 ≡ 손가락 ∨ 바이올린
> • 피아노 → ~바이올린 ≡ 바이올린 → ~피아노 ≡ ~피아노 ∨ ~바이올린

세 번째 조건의 대우명제와 첫 번째 조건의 대우명제를 결합하면, '바이올린 → ~피아노 → ~음악'이므로 '바이올린 → ~음악'이 도출된다. 따라서 바이올린을 연주할 수 있는 사람은 음악을 좋아하지 않는 사람이다.

오답풀이

② 세 번째 조건과 두 번째 조건의 대우명제를 결합하면, '피아노 → ~바이올린 → 손가락'이므로 '피아노 → 손가락'이 도출된다. 따라서 피아노를 연주할 수 있는 사람은 손가락이 긴 사람이다.

③ 주어진 조건들을 결합하여 도출할 수 없는 결론이다.

④ ①에서 '바이올린 → ~음악'을 도출하였고 이 명제의 대우명제는 '음악 → ~바이올린'이다. 즉, 음악을 좋아하는 사람은 바이올린을 연주할 수 없다.

Chapter 02 빈칸에 들어갈 결론

p.74

2025 독해신공! PIN POINT+

01 ▶ ① [독해–PSAT 추론]

> (가) 노인 복지 문제 m ∧ ~ 일자리 문제
> (나) 공직 → 일자리 문제
>   (~ 일자리 문제 → ~ 공직)

(나)의 대우 관계를 비롯하여 볼 때, **매개항이 '~일자리 문제'**라는 점에서 '**노인 복지 문제 m ∧ ~ 일자리 문제 → ~ 공직**'이 성립되어 '노인복지 문제에 관심이 있는 사람 중 일부는 공직에 관심이 있는 사람이 아니다.'가 참임을 알 수 있다.

02 ▶ ② [독해 – 논리 추론]

맨 마지막 문장 '명제 P와 Q가 IF … THEN으로 연결 되는 P-Q는 P가 참이고 Q가 거짓이면 거짓이고 나머지 경우에는 모두 참이 된다.'를 보면 이 선택지는 옳지 않다. '파리가 새라면'은 거짓이기 때문에 '나머지 경우'에 해당되므로 이 명제는 거짓이 아니라 참이다.

오답풀이 ① 모든 명제는 참이든지 거짓이든지 둘 중 하나여야 한다. 하지만 참(모기는 생물이면서)과 거짓(모기는 무생물이다.)이 양립하고 있으므로 성립하지 않는다.

③ '개가 동물이거나 컴퓨터가 동물이다.'는 '명제 P와 Q가 OR로 연결되는 P∨Q'에 해당된다. 이 경우에는 둘 중 적어도 하나가 참이기만 하면 참이 되므로 이 선택지는 참이라는 것은 옳다.

④ '늑대는 새가 아니고 파리가 곤충이다.'는 '명제 P와 Q가 AND로 연결되는 P∧Q'이다. 이 경우에는 모두 참일 때에만 참인데, '늑대는 새가 아니고'와 '파리는 곤충이다.'는 모두 참이므로 참이라는 것은 옳다.

▶ DAY 05 빈칸에 들어갈 결론

p.76

01 ▶ ④ [독해 – 논리 추론]

'모든', '어떤'과 같은 양화사(quantifier)에 주의하여 문장을 분석해야 한다. (가)와 (나)를 기호를 활용하여 나타내면 아래와 같다. 이때 p → q ≡ ~p ∨ q 라는 것을 이용한다.

> (가) 사람 → 죽음 ≡ ~죽음 → ~사람 ≡ ~사람 ∨ 죽음
> (나) '생명체 ∧ ~죽음'

(가)의 대우명제 '~죽음 → ~사람'에 의해 죽지 않는 것은 모두 사람이 아니므로 죽지 않는 생명체, 즉 '~죽음 ∧ 생명체'도 사람이 아니다.

오답풀이 ① (가)와 (나)로부터 도출할 수 없는 결론이다.

② (가)와 (나)로부터 도출할 수 없는 결론이다.

③ '사람 ∧ ~죽음'으로 (가)를 부정하는 반례이다. 따라서 전제에 의해 거짓임을 알 수 있는 명제이다.

02 ▶ ① [독해 – 논리 추론]

'모든', '일부'와 같은 양화사(quantifier)에 주의하여 문장을 분석해야 한다.

> (가) '나무 → 푸름'으로 표현할 수 있고 이 명제와 동치인 대우명제는 '~푸름 → ~나무'이다.
> (나) '불에 타는 것 ∧ ~푸름'으로 표현할 수 있다.

(나)에 의해 불에 타는 것 중 푸르지 않은 것이 존재한다. 그리고 (가)에 의해 푸르지 않은 것은 모두 나무가 아니므로 불에 타는 것 중 나무가 아닌 것이 존재한다.

오답풀이 ② (나)에 의해 불에 타지 않는 것 중 푸르지 않은 것이 있으므로 불에 타지 않은 것이 모두 푸르다고 할 수는 없다.

③ 나무인 동시에 불에 타는 것이 존재하는지는 알 수 없다.

④ (가)의 대우 명제에 의해 푸르지 않은 것은 나무가 아니다.

03 ▶ ① [독해 – 논리 추론]

'모든', '일부'와 같은 양화사(quantifier)에 주의하여 문장을 분석해야 한다.

> (가) '행정공무원에 관심이 있는 모든 학생이 기술공무원에 관심이 있는 것은 아니다'라고 했으므로 행정공무원에 관심이 있는 학생 중 기술공무원에 관심이 있는 학생이 아예 없거나 일부 있다는 것을 의미한다.
> (나) 어떤 학생이 경찰공무원에 관심이 있으면 그 학생은 반드시 행정공무원에도 관심이 있음을 의미한다.
> (다) '행정공무원에 관심이 있는 학생 중 일부는 소방공무원에 관심이 있다'라고 했으므로 행정공무원에 관심이 있는 학생 중 공무원에 관심이 있는 학생이 적어도 1명은 존재한다는 것을 의미한다.

(나)에서 경찰공무원에 관심이 있는 모든 학생은 행정공무원에 관심이 있는 학생이다. 그런데 (가)에 의해 행정공무원에 관심이 있는 학생 중 기술공무원에 관심이 있는 학생이 일부 있거나 아예 없을 수 있으므로 경찰공무원에 관심이 있는 학생 중 기술공무원에 관심이 있는 학생이 존재할 수는 있다. (단, '존재할 수 있다.'와 같이 개연적 진술이라서 참이 될 수 있는 것이지 '반드시 존재한다.'와 같이 필연적 진술이었으면 거짓으로 판단해야 한다. 앞서 (가) 해설에서 언급한 것처럼 행정공무원에 관심이 있는 학생 중 기술공무원에 관심이 있는 학생이 아예 없을 수도 있기 때문이다.)

오답풀이 ② (나)에서 '경찰공무원에 관심이 있는 모든 학생은 행정공무원에 관심이 있다'고 했고, (다)에서 행정공무원에 관심이 있는 학생 중 소방공무원에 관심이 있는 학생이 적어도 1명은 존재한다는 결론을 내릴 수 있으므로, (나)와 (다)를 토대로 경찰공무원에 관심이 있는 학생 중 적어도 1명은 소방공무원에 관심이 있다.

③ (가)에 의해, 행정공무원과 기술공무원에 동시에 관심이 있는 학생이 아예 없거나 일부 있을 수 있으므로 아예 없다고 단정적으로 진술한 이 명제는 결론으로 적절하다고 할 수 없다. (①에서 설명한 것과 같은 맥락으로, '없을 수 있다'와 같이 개연적 진술이면 적절한 결론이 될 수 있다.)

④ (다)에 의해, 행정공무원과 소방공무원에 동시에 관심이 있는 학생이 존재한다는 것은 알 수 있으나 소방공무원에 관심이 있는 모든 학생이 행정공무원에 관심이 있다는 결론을 내릴 수는 없다.

Chapter 03 생략된 전제 추론

TYPE 01

01 ▶ ① [독해 – 논리 추론]

> (가) 문학 → 자연의 아름다움
> (~자연의 아름다움 → ~문학)
> (나) 자연의 아름다움 m ∧ 예술
> (예술 m ∧ 자연의 아름다움)
> 결론: 예술 m ∧ 문학

(나)에서 도출한 '**예술 m ∧ 자연의 아름다움**'에서 **결론인 '예술 m ∧ 문학**'을 이끌어내려면 '자연의 아름다움을 좋아하는 사람은 모두 문학을 좋아하는 사람이다.'라는 전제가 추가되어야 한다.

02 ▶ ④ [독해 – 논리 추론]

> 첫 번째 문장을 기호로 나타내면 '커피 → 녹차'이고, 결론을 기호로 나타내면 '녹차 ∧ 아이스크림'이다. 첫 번째 문장과 추가해야 할 전제를 통해 결론이 도출될 수 있어야 한다.

'커피 ∧ 아이스크림'이다. 이 전제와 '커피 → 녹차'를 연결하면, 커피를 좋아하면서 아이스크림을 좋아하는 사람이 존재하고 커피를 좋아하는 모든 사람은 녹차를 좋아하므로 아이스크림을 좋아하면서 녹차를 좋아하는 사람이 존재한다는 결론, 즉 '녹차 ∧ 아이스크림'이 도출된다. 따라서 이 전제는 위와 같은 결론을 이끌어 내기 위해 필요한 전제이다.

오답풀이 ① '아이스크림 ∧ ~커피'이다. 이 전제를 '커피 → 녹차'와 연결 지어 '녹차 ∧ 아이스크림'을 도출하는 것은 불가능하다.

② '~아이스크림 ∧ 커피'이다. 이 전제와 '커피 → 녹차'를 연결하면, 커피를 좋아하면서 아이스크림을 좋아하지 않는 사람이 존재하고 커피를 좋아하는 모든 사람은 녹차를 좋아하므로 아이스크림을 좋아하지 않으면서 녹차를 좋아하는 사람이 존재한다는 결론, 즉 '~아이스크림 ∧ 녹차'가 도출된다. 이를 통해 '녹차 ∧ 아이스크림'을 도출하는 것은 불가능하다.

③ '커피 → ~아이스크림'이다. 이 전제를 '커피 → 녹차'와 연결 지어 '녹차 ∧ 아이스크림'을 도출하는 것은 불가능하다.

DAY 06   생략된 전제 추론   p.80

01 ▶ ④ [독해 – 논리 추론]
첫 번째 문장을 기호로 나타내면 '도서관 → 독서'이고, 결론을 기호로 나타내면 '독서 ∧ 국어'이다. 첫 번째 문장과 추가해야 할 전제를 통해 결론이 도출될 수 있어야 한다.

④ '도서관 ∧ 국어'이다. 이 조건에 의해 도서관을 자주 이용하는 학생 중 국어를 잘하는 학생이 적어도 하나 존재하고 첫 번째 전제 '도서관 → 독서'에 의해 도서관을 자주 이용하는 모든 학생은 독서를 좋아하므로 이를 통해 국어를 잘하는 학생 중 독서를 좋아하는 학생이 적어도 하나 존재한다. 따라서 도서관을 자주 이용하는 어떤 학생은 국어를 잘한다고 할 수 있다.

오답풀이 ① '국어 ∧ ~도서관'이다. 이 전제를 '도서관 → 독서'와 연결 지어 '국어 ∧ 도서관'을 도출하는 것은 불가능하다.

② '~국어 ∧ ~도서관'이다. 이 전제를 '도서관 → 독서'와 연결 지어 '국어 ∧ 도서관'을 도출하는 것은 불가능하다.

③ '도서관 → ~국어'이다. 이 전제를 '도서관 → 독서'와 연결하여 '독서 ∧ 국어'를 도출하는 것은 불가능하다.

02 ▶ ② [독해 – 논리 추론]
'모든', '일부'와 같은 양화사(quantifier)에 주의하여 문장을 분석해야 한다. 첫 번째 문장은 '의학 ∧ 약학'으로 표현힐 수 있고 두 번째 문장은 '생명공학 → ~화학 ≡ 화학 → ~생명공학 ≡ ~생명공학 ∨ ~화학'으로, 결론은 '약학 ∧ ~화학'으로 표현할 수 있다. 첫 번째, 두 번째 문장과 추가된 전제를 이용하여 결론을 도출할 수 있어야 한다.

② '~생명공학 → ~의학'이다. 두 번째 문장의 대우명제는 '화학 → ~생명공학'이고 이 두 명제를 연결하면 '화학 → ~의학'을 도출할 수 있으며 이 명제의 대우명제는 '의학 → ~화학'이다. 첫 번째 문장에 의해 '의학 ∧ 약학'이고 이 명제와 '의학 → ~화학'을 연결하면 의학과 약학 모두에 관심이 있는 사람이 존재하고 의학

에 관심이 있는 모든 사람은 화학에 관심이 없으므로 약학에 관심이 있는 사람 중 화학에 관심이 없는 사람이 존재한다는 결론, 즉 '약학 ∧ ~화학'을 도출하는 것이 가능하다.

오답풀이 ① '화학 ∧ ~의학'이다. 두 번째 문장의 대우명제 '화학 → ~생명공학'과 연결하면 화학에 관심이 있으면서 의학에 관심이 없는 사람이 존재하고 화학에 관심이 있는 사람은 모두 생명공학에 관심이 없으므로 의학에 관심이 없는 사람 중 생명공학에 관심이 없는 사람이 존재한다는 결론, 즉 '~의학 ∧ ~생명공학'을 도출하는 것은 가능하나 이를 약학과 연결하여 '약학 ∧ ~화학'을 도출하는 것은 불가능하다.

③ '생명공학 ∧ 화학'이다. 이를 '의학 ∧ 약학', '생명공학 → ~화학'과 연결하여 '약학 ∧ ~화학'을 도출하는 것은 불가능하다.

④ '의학 ∧ 생명공학'이다. ①, ②에서와 같은 논리로 두 번째 문장 '생명공학 → ~화학'과 연결하여 '의학 ∧ ~화학'을 도출하는 것은 가능하다. 하지만 이를 '의학 ∧ 약학'과 연결하여 '약학 ∧ ~화학'을 도출하는 것은 불가능하다. '의학'과 '~화학'의 교집합이 존재하고 '의학'과 '약학'의 교집합이 존재한다고 해서 '~화학'과 '약학'의 교집합이 존재한다고 단정지을 수는 없기 때문이다.

강화, 약화 추론

Chapter 01 일반 강화, 약화

TYPE 01

01 ▶ ④ [독해(비문학) – 강화 약화]

2문단의 '앳킨슨은 스톤헨지를 세운 사람들을 '야만인'으로 묘사하면서, ㉠ 이들은 호킨스의 주장과 달리 과학적 사고를 할 줄 모른다고 주장했다'를 통해 앳킨슨은 기원전 3,000년경의 스톤헨지를 세운 사람들을 과학적 사고를 할 줄 모르는 야만인이라고 생각했음을 알 수 있다. 이런 상황에서 기원전 3,000년경 인류에게 천문학 지식이 있었다는 증거가 나온다면 앳킨슨의 주장은 약화될 것이다.

[오답풀이] ① '제사'에 관련된 것 자체가 제시문에 언급되지 않았으므로 옳지 않다.

② 1문단의 '1960년대에 천문학자 호일이 스톤헨지가 일종의 연산장치라는 주장을 하였고'를 통해 호일은 스톤헨지가 계산 장치라고 보았으므로 스톤헨지 건설 당시의 사람들이 숫자를 사용하였다는 증거가 발견되면 오히려 호일의 주장이 강화되었을 것이므로 이 선지는 옳지 않다.

③ 3문단의 '하지만 스톤헨지의 건설자들이 포괄적인 의미에서 현대인과 같은 지능을 가졌다고 해도 과학적 사고와 기술적 지식을 가지지는 못했다.'를 통해 스톤헨지의 건설자들이 과학적 사고는 가지지 못했을 거라고 생각하고 있다. 따라서 스톤헨지의 유적지에서 수학과 과학에 관련된 신석기시대 기록물이 발견되면 글쓴이의 주장은 약화될 것이므로 이 선택지는 옳지 않다.

p.86

2025 독해신공! PIN POINT+

01 ▶ ④ [독해(비문학) – 강화 약화]

이 글은 조선 전기에는 기병 중심 전술이 중요하였으나 16세기 일본에 조총이 도입된 이후 점차 보병 중심 전술이 중요해졌음을 다루고 있다. '17세기 중반 이후 조총의 위력이 높아짐에 따라 … 활 대신 조총의 필요성이 점차 증가하였다.'라는 서술과 '낮은 신분의 조총 무장 보병이 주요한 전투 병력으로 등장하게 되었다.'라는 서술로 보아 조총의 위상이 높아진 것이 보병 중심 전술의 중요성을 강화하는 근거가 됨을 알 수 있다.

[오답풀이] ① 기병 중심 전술에서 보병의 화포 공격 지원이 중요하다고 하였으므로 여진족이 화포 공격을 두려워한다는 사실은 기병 중심 전술의 중요성을 강화하는 근거에 해당한다.

② 활쏘기는 기병 중심 전술에서 주로 사용하던 것이다. 활쏘기 기술을 익히기 어렵다는 점은 '활 대신 조총의 필요성이 점차 증가'하는 배경이 되었으므로 보병 중심 전술의 중요성을 강화하는 근거에 해당한다.

③ 일본에 조총이 도입됨에 따라 '삼수병 체제를 편제하였고 보병 중심의 체제를 확립'했다고 하였다. 따라서 일본에 조총이 도입된 것은 보병 중심 기술의 중요성을 강화하는 근거에 해당한다.

DAY 07 일반 강화, 약화   p.88

01 ▶ ① [독해(비문학) – 강화 약화]

이 글의 '추격 사이클 이론'은 '산업의 주도권이 후발 기업으로 이동하는 현상'이다. 디지털 카메라 시장에서 소니와 캐논이 필름카메라 기업을 추월한 것은 첫 번째 기회의 창인 '새로운 기술의 등장'을 기업이 잘 포착한 것에 해당한다. 따라서 추격 사이클 이론을 강화하는 사례가 될 수 있다.

[오답풀이] ② 항공기 제조 산업의 높은 진입장벽은 후발 기업이 따라잡기 어렵게 만드는 요인이 되므로 추격 사이클 이론을 강화하는 근거로 쓰이기 어렵다.

③, ④ 애플과 테슬라가 기존의 산업에 진입하여 새로운 주도권을 잡은 것은 새로운 기술의 등장이라는 기회를 포착함으로써 선발 기업을 제친 사례에 해당하므로 추격 사이클 이론을 약화하는 것이 아니라 강화하는 사례이다.

02 ▶ ② [독해(비문학) – 강화 약화]

글에서는 면책 사유에 대해 설명하고 있지만, 면책 사유가 인정되지 않는 경우 또한 소개하고 있다. 이렇듯 해석이 복잡한 문제는 제조물 책임법의 한계나 문제점을 드러낸 것이라고 볼 수 있으므로 정당성을 강화하는 것이 아니라 약화하는 것이라고 보는 것이 옳다.

[오답풀이] ① '글에서 제조물 책임법'이란 '제조업자에게 고의나 과실이 없더라도 제조물의 결함으로 피해를 입은 사람에게 제조업자가 손해 배상 책임을 지도록 하는 법률'임을 이야기하였다. 이는 제조업체의 책임감 증진을 강조하는 것에 해당하므로 제조물 책임법의 정당성을 강화하는 선지로 볼 수 있다.

③ 제시문의 중간 부분의 '제조물 책임법은 ~ 제조업자가 손해 배상 책임을 지도록 하는 법률이다. 이에는 ~ 농수축산물 등은 제조물의 범위에서 제외된다.'에 따라 농수축산물의 경우에는 제조물 책임법에서 제외되는 대상이므로 농수축산물에 결함이 생긴 경우 제조업체가 책임을 지지 않는 것은 제조물 책임법을 강화하는 것임을 알 수 있다.

④ 글의 전체적인 맥락을 고려할 때 제조물 책임법은 소비자 보호를 목적으로 하고 있으며, 이를 토대로 제품에 대한 신뢰를 증진시킬 수 있다고 하였다. 따라서 제조물 책임법의 정당성을 강화하는 근거로 사용될 수 있다.

Chapter 02 <보기> 강화 약화

TYPE 01

01 ▶ ④ [독해(비문학) – 강화 약화]
'㉠ 사피어-워프 가설'은 제시문에 '특정 현상과 관련한 단어가 많을수록 해당 언어권의 화자들은 그 현상에 대해 심도 있게 경험하는 것이다. 언어가 의식을, 사고와 세계관을 결정한다.'는 것이다. 즉, 단어의 개수가 많으면 현상을 심도 있게 경험하고 반대로 단어의 개수가 적으면 현상을 단순하게 경험하는 비례의 관계임을 알 수 있다. 이에 따라 보았을 때 'ㄱ, ㄴ, ㄷ'은 옳은 평가임을 알 수 있다.

ㄱ. '㉠ 사피어-워프 가설'에 따르면 눈[雪]을 가리키는 단어를 4개 지니고 있는 이누이트족이 1개 지니고 있는 영어 화자들보다 눈을 넓고 섬세하게 경험한다는 것은 '㉠ 사피어-워프 가설'을 강화한다.

ㄴ. 수를 세는 단어가 '하나', '둘', '많다' 3개뿐인 피라하족의 사람들이 세 개 이상의 대상을 모두 '많다'고 인식하는 것은 단어의 개수가 적으니 현상을 단순하게 인식하는 것이므로 단어가 적을수록 현상을 단순하게 경험한다는 '㉠ 사피어-워프 가설'을 강화한다.

ㄷ. 색채 어휘가 적은 자연언어 화자들이 색채 어휘가 많은 자연언어 화자들에 비해 색채를 구별하는 능력이 뛰어나다는 것은 어휘가 적을수록 대상을 인식하는 능력이 더 떨어진다는 '㉠ 사피어-워프 가설'과 반대되는 사례이므로 '㉠ 사피어-워프 가설'을 약화한다.

p.92

2025 독해신공! PIN POINT+

01 ▶ ③ [독해(비문학) – 강화 약화]
노엄 촘스키의 '생득적 언어이론'에서 강조하는 것은 인간은 환경과 강화에 의해 언어를 습득하는 존재가 아니라, 타고난 능력에 따라 언어를 습득하는 존재라는 점이다.

ㄷ. 다양한 언어 환경에서도 아이들이 언어를 습득하는 패턴이 일정하게 관찰된다는 것은 '모든 인간은 보편 문법을 내재한 언어 습득 장치를 갖고 태어나며, 이 장치는 다양한 자연 언어의 기본 구조를 인식하고 학습할 수 있는 능력을 제공'한다는 촘스키의 주장과 일치

한다. 따라서 ㉠을 강화하는 근거가 될 수 있다.

오답풀이) ㄱ. 세계 각지의 다양한 문화에서도 어린이들이 유사한 방식으로 언어를 습득한다는 것은 언어 습득의 동질성을 보여주는 사례이므로 ㉠을 강화하는 근거가 되어야 한다.

ㄴ. 노엄 촘스키는 인간의 언어 습득이 환경과 강화에 의한 것보다는 선천적인 능력이라고 보았다. 따라서 환경에 따라 인간의 언어 능력이 달라진다는 것은 ㉠을 약화하는 근거가 되어야 한다.

🔖 **DAY 08 <보기> 강화 약화**   p.94

01 ▶ ④ [독해(비문학) – 강화 약화]
조지 레이코프는 인간의 인지 과정에 언어가 영향을 줄 수 있음을 주장한 학자이다.

ㄴ. 은유적 표현이 사람들의 판단과 행동에 구체적인 영향을 미쳤다면 이는 언어가 인간의 사고방식에 영향을 주었음을 시사하므로 ㉠을 강화하는 근거가 될 수 있다.

ㄷ. 조지 레이코프는 은유가 인간의 사고 과정에 영향을 줄 수 있음을 주장하였으므로, 특정 상황에만 유효하다는 연구 결과가 발표된다면 이는 ㉠을 반박하는 근거가 된다. 따라서 적절하다.

오답풀이) ㄱ. 주어진 본문에서는 언어로 인해 '프레임'이 작동할 수 있다고 이야기했을 뿐, 언어권에 따라 유사하거나 상이한 인지구조가 나타난다고 이야기하지는 않았다. 따라서 이는 ㉠을 강화하거나 약화하는 근거가 될 수 없으므로 적절하지 않다.

02 ▶ ① [독해(비문학) – 강화 약화]
이 글에서 '매몰 비용의 오류'란 이미 투자한 것에 대해 과도하게 집착하는 경향이라고 하였다. 따라서 매몰 비용의 오류의 타당성을 강화하는 사례를 판단하기 위해서는 불리한 상황이나 선택을 계속해서 고수하는 사례를 찾아야 한다.

ㄱ. '투자 금액을 고려해 개발을 진행하는 사례'는 이미 투자한 비용을 생각하여 손실을 인정하지 못하는 사례이므로 ㉠을 강화한다.

오답풀이) ㄴ. 집값이 떨어지고 있음에도 막대한 이자를 부담하는 사례는 투자한 비용을 생각하여 손실을 인정하지 못하는 경우이므로 ㉠을 강화한다.

ㄷ. 비싼 회원권 비용을 지불한 피트니스센터에 만족하지 못하자 다른 센터를 찾는 사례는 손실을 감수하고 대안을 탐색하는 경우에 해당한다. 따라서 ㉠을 강화하지 않는 사례이다.

03 ▶ ④ [독해(비문학) – 강화 약화]
ㄱ. 인간의 도움이 필요한 상황에서 로봇이 적절한 반응을 보이지 못할 경우, 결합 인지 시스템이 제대로 작동하지 않을 수 있다. ㉠은 결합 인지 시스템의 유용성을 이야기하고 있으며, ㄱ은 결합 인지 접근법이 제대로 작동하지 않는 사례에 해당한다. 따라

서 약화하는 근거가 된다.

ㄴ. '예를 들어, 사람이 자율 주행 시스템을 감독하여 운전을 시작하고 멈추는 자율주행차는 결합 인지 시스템의 좋은 예이다.'와 '특히 인간의 능력을 보완할 필요가 있는 상황에서 그 가치가 더욱 두드러진다.'의 정보를 조합하면 이 사례 또한 인간의 능력을 보완해주는 로봇을 인간이 감독하고 있으므로 이는 결합 인지 시스템의 유용성을 뒷받침하는 사례에 해당한다. 따라서 ㉠을 강화한다고 볼 수 있다.

ㄷ. 인간이 로봇의 판단이나 수행 능력에 의존하게 되는 것은 인간의 능력을 떨어뜨리거나, 로봇에 과도하게 의존하게 되는 문제를 유발할 수 있다. 따라서 이는 결합 인지 접근법의 유용성을 약화하는 사례이다.

Part 05 빈칸 추론

Chapter 01 단수 빈칸 추론

TYPE 01

01 ▶ ④ [독해(비문학) – 단수 빈칸 추론]
빈칸 앞쪽의 '연구팀은 실험 참가자가 따돌림을 당할 때 그의 뇌에서 전두엽의 전대상피질 부위가 활성화된다는 것을 확인했다.'를 통해 따돌림을 당하면 전대상피질 부위가 활성화됨을 알 수 있다. 그런데 '이는 인간이 물리적 폭력을 당할 때 활성화되는 뇌의 부위이다.'로 언급되므로 물리적 폭력과 따돌림의 심리적 상태는 서로 다르지 않음을 알 수 있다.

오답풀이) 꼭 강의를 참고해 주시길 바랍니다.

p.102

2025 독해신공! PIN POINT+

01 ▶ ① [독해(비문학) – 단수 빈칸 추론]
본문의 내용을 보면, 자기지향적 동기를 가진 사람이 그렇지 않은 사람보다 순찰 횟수가 더 많았고, 자기지향적 동기를 가진 사람 중 타인지향적 동기도 가진 사람이 순찰 횟수가 더 많았음을 알 수 있다. 정리하면 '자기지향적, 타인지향적 동기를 모두 가진 사람 > 자기지향적 동기만 가진 사람 > 타인지향적 동기만 가진 사람' 순으로 순찰 횟수가 많음을 알 수 있다. 따라서 '자기지향적 동기만 가진 사람은 타인지향적 동기만 가진 사람보다 행위의 적극성이 높다'는 진술은 적절하다.

오답풀이) ② 타인지향적 동기만 가진 사람보다 자기지향적 동기만 가진 사람이 순찰 횟수가 더 많았기에 적절하지 않은 진술이다.
③ 자기지향적 동기가 적극성에 긍정적 영향을 주는 것은 맞지만, 부정적 영향을 준다는 것은 본문을 통해 알 수 없다.
④ 자기지향적 동기의 영향에 따라 타인지향적 동기가 부정적 영향을 끼친다는 것은 본문을 통해 알 수 없다.

DAY 09 단수 빈칸 추론 p.104

01 ▶ ① [독해(비문학) – 단수 빈칸 추론]
칸트가 자신의 철학에 대해 코페르니쿠스적 전환에 빗댄 것은 지식이 외부에서 온다고 하는 전통적인 철학을 뒤집었기 때문이다. 즉 지식이 내부에서 온 것으로 이해하는 것인데 이는 주체에 대한 이해를 기반으로 객체를 이해함을 의미한다.

오답풀이) ② 전통적 철학관에 해당하는 내용이다.
③ 코페르니쿠스에 대한 것은 칸트 자신의 철학관의 비유이다.
④ 전통적 철학관에 해당하는 내용이다.

02 ▶ ① [독해(비문학) – 단수 빈칸 추론]
1문단에서는 학교폭력 발생 시 부모의 대응 방안을 교육해야 함을, 2문단에서는 학교폭력 피해 학생을 위해 부모의 전폭적 지지와 현명한 대처가 중요함을 강조하고 있다. 그렇기 때문에 '부모를 대상으로 하는 교육적 개입이 강화되어야 한다'가 오는 것이 적절하다.

오답풀이) ② 본문은 피해 학생 부모를 교육해야 함을 이야기하고 있으므로 가해 학생 부모만 교육하는 것은 적절하지 않다.
③ 본문에서 교사가 도움을 주는 데에는 한계가 있음을 지적하고 있으므로 적절하지 않다.
④ 본문에서 학교 측의 대응 방안의 한계를 언급하고 있으므로 적절하지 않다.

03 ▶ ④ [독해(비문학) – 단수 빈칸 추론]
빈칸 앞뒤의 표현을 통해 적절한 선지를 추론할 수 있다. 빈칸 앞에는 '설문지 작성 방식과 질문의 순서나 표현 방법'이 여론조사 내용에 영향을 줄 수 있다고 했으므로, 이를 종합적으로 포괄하는 '특정 표현이나 질문의 순서가'를 빈칸에 넣는 것이 가장 적절하다.

오답풀이) ① 미사여구는 아름답게 꾸몄으나 내용은 없는 문장을 뜻한다. 따라서 미사여구가 응답자의 의견을 특정 방향으로 유도하지는 않을 것임을 추론할 수 있다.
② 본문에서 여론조사 결과에 영향을 줄 수 있는 요인으로 제시한 것은 설문지 작성 방식, 질문 순서나 표현 방법이므로, 이와 연관 없는 '배경 색상과 폰트 스타일'은 빈칸에 들어가기에 부적절하다.
③ 설문지 방식이므로 조사자의 말투와 대화 방식은 고려 요소가 아님을 알 수 있다.

Chapter 02 복수 빈칸 추론

TYPE 01

01 ▶ ① [독해(비문학) – 복수 빈칸 추론]
㉠ 1문단을 보면 문제의 현실성이란 '인간이 자신을 둘러싼 세계와 고투하면서 당대의 공론장에서 기꺼이 논의해볼 만한 의제를 산출해낼 때' 확보된다고 한다. 따라서 '"남(南)이냐 북(北)이냐'라는 민감한 주제를 격화된 이념 대립의 공론장에 던짐"이라는 단

서를 보면 '문제의 현실성'이 ㉠에 올 수 있음을 알 수 있다.

㉡ 1문단을 보면 세계의 현실성은 '입체적인 시공간에서 특히 의미 있는 한 부분을 도려내어 서사의 무대로 삼을 경우' 확보된다고 한다. 따라서 "남한과 북한을 소설적 세계로 선택함으로써 동서 냉전 시대의 보편성과 한반도 분단 체제의 특수성을 동시에 포괄할 수 있는"이라는 단서를 보면 '세계의 현실성'이 ㉡에 올 수 있음을 알 수 있다.

㉢ 1문단을 보면 해결의 현실성은 "가능한 것"과 '불가능한 것'의 좌표를 흔들면서 특정한 선택지를 제출할 때' 확보된다고 한다. 따라서 "『광장』에서 주인공이 남과 북 모두를 거부하고 자살을 선택하는"이라는 단서를 보면 '해결의 현실성'이 ㉢에 올 수 있음을 알 수 있다.

따라서 '저장되는 것'이 들어가는 것이 옳다. (다)에는 비디오 게임을 하는 것이 트라우마가 기억 속에 각인되는 것을 막을 수 있다는 이야기가 들어가야 하는데, 이는 인지적 차원의 이야기이므로 '인지적 백신'이 들어가야 한다.

02 ▶ ④ [독해(비문학) – 복수 빈칸 추론]
이 글은 공기업 신규 채용이 급감한 것을 서술하고 공기업의 부채가 확대되었음을 이야기하고 있다. (가) 뒤의 '하지만 무기계약직 채용은 되려 증가해'라는 서술로 볼 때 비정규직이 아니라 '정규직 신규 채용이 급감'했음을 알 수 있다. (나) 앞에는 공기업이 보유 자산을 매각하고 있다는 이야기가 나온 이후 '하지만 주요 공기업의 부채가 모두 671억 원 정도로 전망된다.'라고 제시하였다. 이로 보아 '추가 자산 매각'은 근본적 해결책이 되기 어려우며, '공공요금 인상'이 필요하다는 의견이 나올 것임을 추론할 수 있다.

p.108

2025 독해신공! PIN POINT+

01 ▶ ② [독해(비문학) – 복수 빈칸 추론]
이 글은 강을 통해 지역 간의 경계를 구획하는 것에 대해 이야기하고 있다. (가) 앞에서 '따라서 형성된 경계가 자연적으로 변하는 현상이 빈번하게 나타난다.'라는 내용이 있으므로 (가)에는 자연적으로 변화하는 현상이 나와야 한다. 또한 뒤에 대홍수(자연적인 현상)의 사례가 이어지고 있으므로 '퇴적물의 이동이나 자연재해'가 빈칸에 들어가는 것이 옳다. 참고로 지역사회의 수자원 관리 전략에 대한 서술은 본문에서 언급되지 않았다.

또한 (나)는 리오그란데 강의 경로 변화가 미국과 멕시코 사이의 관계에 미칠 수 있는 영향을 이야기하고 있다. (나) 앞에 '대표적인 사례는 미국과 멕시코의 경계를 나누는 리오그란데강이 있다.'라는 정보와 '이처럼 강이 지리적 경계를 확립할 때'라는 정보를 통해 (나)에는 '국경이나 영토와 관련된 이해관계'가 들어가야 함을 알 수 있다. 참고로 양국 간의 무역에 관한 이야기에 대한 서술은 본문에서 언급되지 않았다.

DAY 10 복수 빈칸 추론 p.110

01 ▶ ④ [독해(비문학) – 복수 빈칸 추론]
이 글은 트라우마 유발 실험을 중심으로 트라우마 상황을 경험한 이후 주의를 돌리는 것이 트라우마의 장기화 예방에 도움이 됨을 이야기하고 있다. 따라서 (가)에는 '유연화' 대신 트라우마가 굳어지는 것을 의미하는 '고착화'가 들어가는 것이 자연스럽다. (나) 또한 같은 맥락에서 볼 때 비디오 게임을 할 경우 트라우마를 유발하는 초기 기억이 장기 기억이 되는 것을 막을 수 있다는 서술이 이어져야 한다.

Part

06 화법, 작문

Chapter 01 [화법] 말하기 방식

p.116

2025 독해신공! PIN POINT+

01 ▶ ① [독해(화법) – 말하기 방식]
갑과 병의 경우에는 '개인의 기본권, 윤리적인 차원'이라는 측면에서 마스크를 쓰지 않는 행위를 탐색하고 있다면 '을'은 문화적인 차원에서도 고려할 필요가 있다며 다른 측면에서 탐색하고 있으므로 ①은 적절하다.

[오답풀이] ② 갑이 마스크를 쓰지 않는 사람이 이해되지 않는다고 의견을 제시하자 을은 마스크를 쓰지 않는 사람을 비난하기보다는 그 이유를 알아야 한다고 반박하고 있다. 뒤에 갑이 '개인의 자유로운 선택이 타인의 생명을 위협한다면 기본권이라 하더라도 제한하는 것이 보편적 상식 아닐까?'라며 질문을 하고 있기는 하나 이 질문의 화제는 '마스크를 쓰지 않는 사람들'에 대한 것이므로 앞의 화제와 동일함을 알 수 있다. 따라서 질문을 던져 화제를 전환하는 사람이 있다는 것은 옳지 않다.
③ 갑, 병은 모두 마스크를 쓰지 않는 사람들에 대해 반대하는 입장을 취하고 을은 마스크를 쓰지 않는 이유를 분석해야 한다는 입장을 유지하고 있다. 따라서 논점에 대한 찬반 입장이 바뀌는 사람이 있다는 것은 옳지 않다.
④ 사례의 공통점을 종합하는 부분은 나오지 않으므로 옳지 않다.

02 ▶ ③ [독해(화법) – 말하기 방식]
상훈은 면접관의 발언이 예의상 한 것일 수도 있다고 이야기한 후 그 근거로 회사가 구조조정 중이라는 것을 들고 있다. 따라서 상훈은 혜영의 면접 결과를 긍정적으로 생각하지 않을 것임을 추론할 수 있다.

[오답풀이] ① 혜영은 '그분들이 나를 적임자로 판단하고 있다고 느꼈어.'라고 긍정적으로 평가했지만, 상훈은 '그 회사는 지금 구조조정 중이라는 이야기도 있잖아.'라고 면접 결과가 부정적일 수도 있음을 이야기하고 있다. 따라서 둘이 동일하게 해석했다는 서술은 적절하지 않다.
② 혜영은 '그분들이 나를 적임자로 판단하고 있다고 느꼈어.'라고 했으므로 본문의 내용과 부합하지 않는 선지이다.
④ 혜영은 면접이 긍정적일 것이라고 예상하기는 했지만 이것이 확신이라고 볼 근거는 없다. 오히려 혜영은 연락이 오지 않아 걱정하고 있는 상황이므로 적절하지 않다.

DAY 11 **[화법] 말하기 방식** p.120

01 ▶ ② [독해(화법) – 말하기 방식]
수진은 '혈중 알코올농도가 0.03% 이상이면 경범죄, 0.2% 이상이면 중대범죄'로 본다는 구체적인 기준을 근거로, '혈중 알코올농도에 따라 처벌 수위를 다르게 할 게 아니라 음주운전을 했다면 무조건 강하게 처벌'해야 한다고 이야기하고 있다. 따라서 구체적인 기준을 제시하며 자신의 주장을 전개한 것으로 볼 수 있다.

[오답풀이] ① 수진이 언석이에게 '음주운전 처벌을 강화해야 한다'고 의견을 제시한 것은 맞지만 자신의 경험을 예시로 들었다고 보기 어렵다.
③ 수진은 '양형 기준이 충분하다'는 언석이의 의견에 처음부터 끝까지 동의하지 않고 있다.
④ 처음부터 끝까지 '음주운전 처벌 기준'을 주제로 이야기하고 있으므로 대화의 화제가 바뀌었다고 보기 어렵다.

02 ▶ ④ [독해(화법) – 말하기 방식]
진행자는 상대방의 발언에 대해 자신이 이해하고 있는 내용이 맞는지를 질문하며 대담을 이끌어나가고 있으나 동조하고 있지는 않다.

[오답풀이] ① 진행자는 박 교수에게 케어키즈존에 대한 설명을 요청하며 대담을 시작하고 있다.
② 박 교수는 2017년 국가인권위원회의 자료를 인용하여 케어키즈존이 발생하게 된 계기를 설명하고 있다.
③ 진행자는 '상당히 온화하게 경고를 하는 것이다.'라는 표현으로 박 교수의 표현을 정리하고 있다.

Chapter 02 [작문] 문장 고쳐 쓰기

p.124

2025 독해신공! PIN POINT+

01 ▶ ② [독해(작문) – 문장 고쳐 쓰기]
'대등한 것끼리 접속할 때는 구조가 같은 표현을 사용할 것.'이라는 조건이 있음에도 '표준적인 언어생활을 확립하고 일상적인 국어 생활의 향상을 위해'로 고치는 것은 옳지 않다. '표준적인 언어생활의 확립과 일상적인 국어 생활의 향상을 위해' 또는 '표준적인 언어생활을 확립하고 일상적인 국어 생활을 향상하기 위해'로 고쳐야 한다.

[오답풀이] ① '중복되는 표현을 삼갈 것.'이라는 조건에 따라 '안내'와 '알림'은 중복되므로 ㉠에서 '알림'을 삭제한 것은 옳다.

③ '주어와 서술어를 호응시킬 것.'에 따라 ⓒ은 주어 '본원은'과 호응되어야 하므로 '표준 정보를 제공하고 있습니다.'로 고치는 것은 옳다.

④ '필요한 문장 성분이 생략되지 않도록 할 것.'에 따라 ⓔ의 '개선하다'는 목적어를 필수적으로 요구하므로 '의약품 용어를'을 추가한 것은 옳다.

02 ▶ ④ [독해(작문) – 문장 고쳐 쓰기]

<지침>에는 신청 방법을 다양하게 제시하라고 하였는데, '행사 10일 전까지 시청 누리집에 신청서 업로드'라는 방법은 ⓔ의 지침을 구체적으로 수정한 것일 뿐이다. 따라서 신청 방법을 다양하게 제시한 것이라고 볼 수 없으므로 적절하지 않다.

오답풀이 ① ㉠에 '△△시'가 중복되어 사용되었으므로, '△△시 취업 박람회 개최'로 수정하는 것은 <지침>에서 제시한 '중복된 표현 없이 간결하게 쓴다.'라는 요건을 충족한다.

② ⓒ의 '지역 브랜드 홍보'는 행사의 주요 대상인 지역민과 지역 기업을 중심으로 작성한다는 <지침>과 합치하지 않는다. 따라서 '지역민의 취업을 제고'로 수정하는 것은 적절하다.

③ ⓒ의 '△△시 취업 지원 센터 활동 보고'라는 표현에는 행사 대상인 지역민과 지역 기업이 드러나지 않는다. 따라서 '△△시 소재 기업의 일자리 홍보'로 수정하는 것은 <지침>과 합치한다.

⏺ DAY 12 [작문] 문장 고쳐 쓰기   p.128

01 ▶ ③ [독해(작문) – 문장 고쳐 쓰기]

부사어와 서술어의 호응을 고려할 때 기존의 표현을 유지하는 것이 자연스럽다. '동참하다'라는 동사는 '어떤 모임이나 일에 같이 참가하다'라는 뜻이며, 이는 '에너지 절약에 동참하다', '환경 보호에 동참하다'로 쓰일 수 있다. 따라서 '힘쓰다'라는 동사를 추가할 필요는 없다. <공공언어 바로 쓰기 원칙>에 맞게 고치려면 ⓒ의 부사어 '모름지기'는 '~해야 한다'와 호응되어야 하므로 '모름지기 에너지 절약과 환경 보호에 동참해야 합니다'로 고쳐야 한다.

오답풀이 ① '불필요한 반복을 지양할 것'이라는 조건을 고려하여 '다시'를 삭제하는 것이 옳다. '재론하다'라는 말 자체에는 '이미 논의한 것을 다시 논의하다'라는 뜻이 내포되어 있다.

② 목적어가 생략되었으므로 '필수적인 표현이 생략되지 않도록 유의할 것'이라는 조건에 맞추어 '환경을'을 추가하는 것이 옳다.

④ ⓔ 뒤에 '지자체의 지원, 사회적 인식(의) 변화'의 문장 구조가 있으므로 ⓔ을 '에너지 절약을 위한 기술 개발,'로 고치는 것은 옳다.

02 ▶ ④ [독해(작문) – 문장 고쳐 쓰기]

수식어와 피수식어를 자연스럽게 호응시키기 위해서는 '학생들의 역량을 견인할'이라는 기존 표현을 유지하는 것이 옳다. '교육과정'이라

는 체언을 수식하기 위해서는 관형어가 사용되어야 하며, 적절한 형태로 사용되었는지 판단해야 한다. ④의 '견인하고 이끌' 또한 관형어 형태이기는 하나, '견인하다'라는 단어 자체에 '끌어서 당기다'라는 표현이 내포되어 있으므로 '이끌'을 추가할 경우 불필요한 중복이 된다.

오답풀이 ① '중복되는 표현을 삼갈 것.'이라는 조건에 위배되므로 '교육과정 개선'이라는 중복표현을 삭제하는 것이 옳다.

② 자문회의의 개최 목적을 드러내기 위해서는 비슷한 내용이 이어질 때 '고' 대신 '위하여'를 사용하는 것이 자연스럽다.

③ '필수적인 문장성분을 갖출 것'이라는 조건에 따라 부사어가 추가되어야 한다. 기존의 문장에는 '어디에' 참석하는 것인지가 나와 있지 않으므로 '자문회의에'라는 부사어를 추가하는 것이 옳다.

03 ▶ ④ [독해(작문) – 문장 고쳐 쓰기]

'귀중한 통찰을 제공해 주시기'는 미국의 번역투 문장이므로 '귀중한 통찰을 해 주시기를 바랍니다'로 고쳐야 했는데 적절하지 않은 '조성하다'라는 어휘를 쓰고 있으므로 적절하지 않다.

오답풀이 ① 주어가 '귀 소의 연구'이므로 중요한 역할을 '하고 있습니다.'라는 서술어와 호응되고 '되고 있습니다.'라는 서술어와 호응이 되지 않는다. 따라서 '주어와 서술어를 호응시킬 것'이라는 조건에 따라 '하고 있습니다.'라고 수정하는 것이 적절하다.

② 서술어 '전념하고 있습니다.'를 '환경 보호 및 지속 가능한 발전을 도모하기 위한 정책을 수립하고 이행하는 것'이므로 목적격 조사 '-을'이 아닌 부사격 조사 '-에'를 쓰는 것이 옳다. 따라서 '부사어와 서술어를 호응시킬 것', '조사를 정확하게 쓸 것'이라는 조건에 따라 '정책을 수립하고 이행하는 것에 전념하고 있습니다.'로 수정하는 것은 적절하다.

③ '최신 환경 정책 개선안'은 '수렴하다'라는 서술어와 호응되지 않으므로 '최신 환경 정책 개선안'에 대한 서술어가 필요하다. 따라서 '필요한 문장 성분이 생략되지 않도록 할 것'이라는 조건에 따라 '최신 환경 정책 개선안'에 대한 서술어 '공유하다'를 추가하여 '최신 환경 정책 개선안을 공유하고 다양한 의견을 수렴하고자'로 수정하는 것은 적절하다.

Chapter 03 조건에 맞는 개요 작성

TYPE 01

01 ▶ ③ [독해(작문) – 개요 작성]

ⓒ은 <지침>에서처럼 '각 장의 하위 항목끼리 대응되도록 작성할 것.'을 잘 지켜야 했다. 'Ⅱ.-2.'라는 원인에 대응되는 것이 ⓒ(Ⅲ.-2.)에 와야 했는데 그러지 않았으므로 옳지 않다. 'Ⅱ.-2. 사회복지 담당 공무원의 인력 부족'에 대응되는 해소 방안이 '사회복지 업무 경감을

통한 공무원 직무 만족도 증대'는 아니기 때문이다. '공무원 인력을 늘리기'가 오면 더 적절했을 것이다.

오답풀이 ① '서론은 중심 소재의 개념 정의와 문제 제기를 1개의 장으로 작성할 것.'이라는 지침에 따를 때, 이미 개념 정의는 서술이 되어 있으므로 ㉠에 '복지 사각지대의 발생에 따른 사회 문제의 증대'를 넣은 것은 옳다.

② '본론은 제목에서 밝힌 내용을 2개의 장으로 구성하되'라는 지침에 따라 '복지 사각지대의 발생 원인과 해소 방안'이라는 제목에서 밝힌 내용으로 본다면 '㉡ 사회적 변화를 반영하지 못한 기존 복지 제도의 한계'를 넣은 것은 옳다.

④ '결론은 기대 효과와 향후 과제를 1개의 장으로 작성할 것.'라는 지침에 따라 이미 Ⅳ.-2에 향후 과제가 기재되어 있으므로 ㉣에는 기대 효과가 언급되는 '복지 혜택의 범위 확장을 통한 사회 안전망 강화'를 넣은 것은 옳다.

p.134

2025 독해신공! PIN POINT+

01 ▶ ④ [독해(작문) - 개요 작성]
<지침>에 따르면 결론은 본론과의 호응을 고려하여 기대 효과 및 향후 과제를 기술해야 한다고 하였다. '조직문화 개선을 통한 일과 삶의 균형 확보'는 기대 효과가 아닌 지방직 공무원 인력 확보를 위한 방안에 해당한다. 또한 본론에서 조직문화에 대한 서술은 나오지 않았으므로 본론과 호응하는 결론도 아니다.

오답풀이 ① <지침>에 따르면 서론은 중심 소재를 설명한 후 문제를 제기해야 한다고 하였다. '지방직 공무원 지원자 감소로 인한 행정서비스 질 저하 우려'는 중심 소재가 유발할 수 있는 문제에 해당하므로 적절하다.

② 지방직 공무원 인기 하락의 원인이 들어가야 하는 자리이다. 악성 민원인으로 인해 업무 강도가 증가하는 것은 인기 하락의 원인이 될 수 있으므로 적절하다.

③ 본론은 각 장의 하위 항목이 대응해야 한다고 하였다. 지방직 공무원 인기 하락의 원인 첫 번째로 '복지 감소와 낮은 임금 상승률'이 제시되었으므로 이를 개선할 방안이 나와야 한다. '물가상승률을 반영한 임금인상으로 처우 개선'은 임금으로 인한 문제를 해결할 수 있는 방안이므로 적절하다.

01 ▶ ③ [독해(작문) - 개요 작성]
Ⅱ의 1과 Ⅲ. 1은 대응해야 한다. <지침>에 따르면 'Ⅱ. 1. 부양인구 증가와 노동인구 감소로 인한 복지재정 부담'과 'Ⅲ. 1. ㉢ 저출산 해소를 위한 출산장려정책 확대'는 대응되지 않으므로 ㉢에 들어갈 말로 적절하지 않다.

오답풀이 ① 서론은 중심 소재의 배경을 설명한 후 문제를 제기하는 형태여야 한다고 하였다. 서론의 1에서 고령화 사회 도래로 인한 노인복지 수요 증가라는 배경을 언급하였으므로 2에는 문제 제기가 들어가야 한다. 따라서 '노인복지 예산 부족으로 인한 노인 삶의 질 악화'라는 문제가 들어가는 것이 옳다.

② 고령화 사회의 문제점이 제시되어야 하므로 적절하다.

④ 부양인구가 증가하고 노동인구가 감소하고 있으므로 노인 일자리를 확보하여 노동인구를 늘리는 정책적 지원을 하는 것은 올바른 향후 과제에 해당한다.

02 ▶ ④ [독해(작문) - 개요 작성]
<지침>에 따르면 결론은 연구 결과의 의미와 추후 연구 방향에 초점을 맞추어야 하는데, '환경문제 개선'은 연구 결과의 직접적인 의미나 추후 연구 방향과는 관련이 없다. 따라서 적절하지 않다.

오답풀이 ① 도시화에 따른 교통의 중요성은 도시 교통의 중요성이 증대되는 원인이므로 적절하다.

② 'Ⅲ.1. 대중교통증편을 통한 시스템 보완'과 'Ⅱ.1.㉡ 도로 인프라 미비'는 대응이 잘 되므로 적절하다.

③ 'Ⅱ.2. 같은 출퇴근 시간으로 인한 혼잡'과 'Ⅲ.2.㉢ 대중 교통 이용률 향상을 위한 정책적 지원'은 대응이 잘 되므로 적절하다.

Part

07 문학 + 독해 결합형

Chapter 01 현대 운문, 현대 산문

TYPE 01

01 ▶ ② [독해(문학) – 내용 추론 긍정 발문]
3문단에 '눈을 감는 행위는 외면이나 도피가 아니라 피할 수 없는 현실적 조건을 새롭게 반성함으로써 현실의 진정한 면모와 마주하려는 적극적인 행위로 읽힌다.'를 통해 「절정」에서 시인은 투사가 처한 현실적 조건을 외면하지 않고 새롭게 인식함을 알 수 있다.

오답풀이 ① 「절정」에는 투사가 처한 극한의 상황이 나오기는 하나 '매운 계절(2문단, 겨울), 겨울(3문단)'이라는 하나의 계절적 배경만 나올 뿐 뚜렷한 계절의 변화가 드러나지는 않는다.
③ 1문단에서 '가령, 「절정」은 크게 두 부분으로 나누어지는데, 투사가 처한 냉엄한 현실적 조건이 3개의 연에 걸쳐 먼저 제시된 후, 시인이 품고 있는 인간과 역사에 대한 희망이 마지막 연에 제시된다.'라는 부분을 통해 보면, 「절정」은 시의 구성이 두 부분으로 나누어지는 것은 옳다. 하지만 투사와 시인이 반목과 화해를 거듭하지는 않는다. 반목이란 '서로 사이가 좋지 않고 미워함.'을 의미하는데 투사와 시인이 서로를 미워하는 내용이 나오지 않으며 또 반목과 화해를 거듭(=반복)하지도 않는다.
④ 1문단을 보면, 냉엄한 현실에 절망하는 것은 시인의 면모가 아니라 투사의 면모임을 알 수 있다. 또한 인간과 역사에 대한 희망을 놓지 않으려는 것은 투사의 면모가 아니라 시인의 면모이므로 이 선지는 옳지 않다.

p.142

2025 독해신공! PIN POINT+

01 ▶ ② [독해(문학) – 내용 추론 긍정 발문]
1문단에서는 영웅 소설의 주인공에 대해 '그들의 목표는 상실한 원점을 회복하는 것, 즉 그곳에서 향유했던 이상적 상태로 돌아가는 것이다.'라고 하고 있으므로 영웅소설의 주인공은 그들의 이상적 원점을 상실했다고 볼 수 있다. 「무정」의 이형식 또한 박진사라는 이상적인 원점을 상실했으므로 이 선지는 옳다.

오답풀이 ① 「무정」은 회귀의 크로노토프를 부정하지만 '고소설'은 '회귀의 크로노토프'를 보이기 때문에 부정한다는 것은 옳지 않다.
③ 「무정」에서 '이상적인 고향의 기억'은 이형식과 박영채의 이상적 원점의 구실을 한다. 이들이 결합된다면 이는 '미래로서의 종결점'이 아니라 다시 도래할 과거로서의 미래일 것이다.

④ 1문단에 언급되는 가정소설은 고소설이므로 상실했던 원점으로의 복귀를 거부하는 것이 아니라 상실했던 원점을 회복하려는 특성을 지닐 것이다.

DAY 14 현대 운문, 현대 산문 p.144

01 ▶ ④ [독해(문학) – 내용 추론 부정 발문]
'염상섭의 소설 세계는 저항과 대안 사상과 관련'된다는 서술과, '무화과에서 불령인사들은 인사동의 주점 '보도나무'를 아지트로 삼으며'라는 서술로 보아 소설 무화과에서 음주는 일상적 공간이라기보다는 저항과 대안 사상을 논하는 공간을 드러내기 위한 수단으로 사용되었을 것임을 추론할 수 있다.

오답풀이 ① '그는 그곳에서 음주를 곁들여 다양한 계급의 청년들과 교류하고 당대 사회에 저항하는 사회주의와 아나키즘을 논한다.'라는 서술로 보아 적절한 선지임을 알 수 있다.
② '염상섭의 대표작인 『삼대』에서 ~그는 그곳에서 음주를 곁들여 ~ 당대 사회에 저항하는 사회주의와 아나키즘을 논한다.'라는 서술로 보아 적절한 선지임을 알 수 있다.
③ '검사국 대합실은 음주 장면에서 마르크스의 <자본론>이 소개되기도 한다.'라는 서술에서 음주 모티프는 이데올로기적 성격을 가짐을 알 수 있다. 삼대 또한 '음주를 곁들여 다양한 계급의 청년들과 교류하고 사회주의, 아나키즘을 논한다.'라는 서술로 보아 음주 모티프가 이데올로기를 드러냈음을 알 수 있다. 따라서 적절하다.

02 ▶ ③ [독해(문학) – 내용 추론 부정 발문]
본문의 내용만으로 확인할 수 없는 선지이다. '영미 모더니즘을 체계적으로 공부한 김기람과 최재서, 이양하 등의 출현은 모더니즘 시의 부흥을 이끌었다.'라는 표현으로 볼 때 영미 모더니즘의 영향을 받아 한국 모더니즘이 자리를 잡아갔음을 추론할 수 있다.

오답풀이 ① '1930년대 한국시문학사에서 두드러진 현상은 신학문과 신교육을 전수받은 지식 계층이 대두되었다는 것이다.'라는 서술에서 지식계층의 확대가 한국 모더니즘의 확대로 이어지는 계기가 되었음을 알 수 있다.
② '대학에서 영미 모더니즘을 체계적으로 공부한 … 모더니즘 시의 부흥을 이끌었다.'라는 서술에서 적절한 선지임을 알 수 있다.
④ '도시적 이미지를 지닌 구체적 소재들을 차용하면서도 우회적으로 감정을 전달한다는 점에서 세련된 모더니즘의 특성이 드러남을 알 수 있다.'라는 서술에서 적절함을 알 수 있다.

정답 및 해설

03 ▶ ③ [독해(문학) – 내용 추론 부정 발문]

<여우 난 곬 족>은 '토속적인 어휘로 고향의 추억을 드러낸 대표적인 1930년대 작품'이라고 하였다. 이 작품은 명절의 풍경과 고향의 따뜻한 기억을 회화적으로 그리고 있을 뿐 도시 생활의 번잡한 문명에 대한 비판을 다루었다는 내용은 나오지 않으므로 적절하지 않다.

오답풀이 ① '회화적'이란 그림처럼 구체적으로 묘사하는 것을 의미한다. 제시문에서 '<여우 난 곬 족(族)>은 ~ 회화적으로 당대의 생활상을 그려낸 것이다'와 '백석의 <여승> 또한 일제강점기 가난한 가정의 모습을 그림을 그리듯 보여 주고 있다.'라는 부분은 두 작품 모두 당대의 생활상을 회화적으로 반영하고 있다는 근거이다.

② 본문에서 <여승>은 '남편이 떠나고 딸이 죽어 출가한 여성의 삶을 통해 가난으로 인한 가정 해체의 모습을 보여준다.'고 하였다. 따라서 적절한 선지이다.

④ 본문에서 1930년대는 '본격적으로 자유시가 활발하게 창작되기 시작한 시기'라고 하였다. 이는 1930년대의 시가 생활의 다양한 면모를 포착하여 문학적으로 성장했음을 시사하는 것이다. 따라서 적절하다.

Chapter 02 고전 운문, 고전 산문

TYPE 01

01 ▶ ② [독해(문학) – 내용 추론 부정 발문]

한국 무속신화의 신이 인간을 위해 지상에 내려와 왕이 된다는 내용은 언급되지 않았다. 미언급의 오류이다. 또한 '한국 건국신화에서 주인공인 신은 지상에 내려와 왕이 되고자 한다. 천상적 존재가 지상적 존재가 되기를 바라는 것인데'를 보면 한국 건국 신화에서도 신은 인간을 위한 것이 아니라 자신이 왕이 되고 싶어 지상에 내려왔음을 알 수 있다.

오답풀이 ① 3문단의 '다른 나라의 신화들은 신과 인간의 관계가 한국 신화와 달리 위계적이고 종속적이다. 히브리 신화에서 ~ 신이 지상의 모든 일을 관장한다는 점에서 언제나 인간의 우위에 있다.'를 보면 적절한 내용임을 알 수 있다.

③ 2문단의 '한국 건국신화에서 주인공인 신은 ~ 인간들의 왕이 된 신은 인간 여성과의 결합을 통해 자식을 낳음으로써 결핍을 메운다.'를 보면 적절한 내용임을 알 수 있다.

④ 2문단의 '이처럼 한국 신화에서 신과 인간은 서로의 존재를 필요로 한다는 점에서 상호의존적이고 호혜적이다.'와 3문단의 '신체 화생 신화는 ~ 인간은 신에게 철저히 종속되어 있다.'를 보면 적절한 내용임을 알 수 있다.

p.150

2025 독해신공! PIN POINT+

01 ▶ ③ [독해(문학) – 내용 추론 부정 발문]

'시조는 … 사대부들의 의미의식과 정신세계를 표현하는 갈래로 자리 잡았다.'라는 서술로 보아 시조가 사대부들의 의미의식을 드러내는 데 사용되었음을 알 수 있다. 하지만 향가에 대한 서술에서 '추모나 축사, 안민, 연군 등 다양한 주제를 다루고 있다.'라는 설명이 나오는 것으로 보아 향가가 다양한 목적으로 창작되었을 수 있음을 추론할 수 있으므로 향가가 공식적인 목적으로 창작되었다고 보기 어려움을 알 수 있다.

오답풀이 ① '향가는 10세기 말까지 창작되었지만 현재까지 가사가 전해지는 것은 총 25수에 불과하다.'라는 서술로 보아 전해지는 향가 수가 많지 않기 때문에 향가 내용 연구가 어려움을 추론할 수 있다.

② '현재 전하는 작품들의 내용은 주로 불교적 신앙심을 바탕'으로 한다는 향가에 대한 설명과, '이 시기 시조의 주제는 주로 유교적 이념과 자연에 대한 동경'이라는 시조에 대한 설명으로 보아 각각 이 당대의 사회적 맥락을 반영한 특정한 관념을 반영했을 것임을 추론할 수 있다.

④ '향가와 시조에 나타나는 감탄사는 앞의 내용을 정서적으로 고양시키거나 시상을 환기함으로써 노래를 완결하는 효과를 준다.'라는 서술로 보아 적절한 선지임을 알 수 있다.

🔖 DAY 15 고전 운문, 고전 산문 p.152

01 ▶ ④ [독해(문학) – 내용 추론 긍정 발문]

본문의 '우화소설은 인간 사회의 모순을 풍자하며 문학적 의미를 전달한다.'를 통해 적절한 선지임을 알 수 있다.

오답풀이 ① 본문에서 우화소설은 동물을 인간처럼 묘사하여 인간 사회의 본질을 우화적으로 드러내는 서사 방식을 취한다고 하였으므로 적절하지 않다.

② 본문에 따르면 「서대주전」은 쥐를 인간화하여 서대주가 타남주의 밤을 훔치는 사건을 통해 당대 관리들의 비리를 비판하는 작품이다. 따라서 이것이 동물들의 삶을 그린 순수문학이라고 보기는 어렵다.

③ 본문에 따르면 「별주부전」은 용왕이 토끼의 간을 얻으려 하는 사건을 통해 지배 계층의 폭력성을 비판하는 내용이라고 하였다. 따라서 이는 인간의 긍정적 본성보다는 부정적 본성을 강조한 것이라고 보는 것이 옳다.

02 ▶ ③ [독해(문학) – 내용 추론 부정 발문]

'사대부들은 관직을 맡게 되면 남을 다스리기 위해 최선을 다하였는데 이러한 노력의 일환으로 오륜가를 즐겨 지었다.'라는 서술로 보아 사대부들은 백성 교화를 위해 오륜가류를 창작하였음을 알 수 있다. 따라서 본문의 내용만으로 오륜가류가 심성 수양과 백성 교화를 모두 강조했다고 판단하기는 어렵다.

[오답풀이] ① '강호가류는 자연 속에서 한가롭게 지내는 삶을 노래한 것인데', '유유자적하고 심성을 닦고자 하였다'라는 서술로 보아 적절함을 알 수 있다.

② '오가는 쉬운 일상어를 활용하여 백성들이 행하거나 행하지 말아야 할 것들을 명령형 어조나 청유형 어조로 노래함'이라는 서술로 보아 어조에서 창작 목적을 짐작할 수 있음을 추론할 수 있다.

④ '복합적'이란 '두 가지 이상이 합쳐진'을 의미하는데 '이러한 이중적 특성에 따라 시조 문학은 크게 강호가류와 오륜가류의 두 갈래로 발전하였다.'라는 서술로 보아 적절함을 알 수 있다.

03 ▶ ③ [독해(문학) – 내용 추론 긍정 발문]

'특히 낭만적 결말을 담았다고 하더라도 꿈이 미학적이면서도 철학적인 체계를 갖추고 있다면 더더욱 그러하다.'라는 서술과 '심청이가 … 당대의 삶의 철학을 반영한 것이다.'라는 서술로 보아 적절한 선지임을 알 수 있다.

[오답풀이] ① '두 작품 모두 전반부의 현실적 서사와 후반부의 환상적 서사를 매개하는 요소는 '하늘의 이치'이다.'라는 서술로 보아 현실적 서사와 환상적 서사를 '대비'한다는 것은 옳지 않음을 알 수 있다. 두 서사는 '하늘의 이치'로 매개되는 것이지 '대조'되는 것이 아니기 때문이다.

② '두 작품 모두 전반부의 현실적 서사와 후반부의 환상적 서사를 매개하는 요소는 '하늘의 이치'이다.'를 보면 비현실적 요소는 전반부가 아니라 후반부에 드러남을 알 수 있다.

④ '또한 두 작품에서 비현실적 결말을 제시한 것은 '희망이 보이지 않는 현실'을 드러내기 위한 문학적 방법이었다는 점에서 현실과 꿈 사이에 긴밀한 연관이 있는 것이라고 평할 수 있다.'이라는 서술에서 '희망적인 미래에 대한 기대를 드러내기 위한 수단'이라는 선지는 적절하지 않음을 알 수 있다.

Part 08 문법 + 독해 결합형

Chapter 01 형태론

TYPE 01

01 ▶ ② [독해(문법) – 형태론 – 단어의 형성 – 합성어]
"'젊은이'는 용언의 관형사형(젊은)+명사(이)"라는 제시문의 내용을 통해 '흰머리'는 '용언 어간과 명사'가 아니라 '용언의 관형사형(흰)+명사(머리)'임을 알 수 있다.

오답풀이 ① 2문단 끝의 "'젊은이'나 '덮밥'은 앞 성분이 뒤 성분을 수식하는 종속합성어이다"를 통해 '큰아버지'는 종속합성어임을 알 수 있다.
③ 1문단에서 '어휘 의미를 띤 요소끼리 결합한 단어를 합성어라고 한다'를 통해 '늙은이'는 어휘 의미를 지닌 두 요소가 결합해 이루어진 단어인 합성어임을 알 수 있다.
④ 2문단에서 "'덮밥'은 용언 어간(덮)+명사(밥)로 구성되어 있다."를 통해 '먹거리'는 어간 '먹'에 명사 '거리'가 결합한 비통사적 합성어임을 알 수 있다.

p.160

2025 독해신공! PIN POINT+

01 ▶ ② [독해(문법) – 형태론 – 단어의 형성 – 파생어]
'먹다'는 '사자가 토끼를 먹다'의 문장 구조를 보이지만 '먹히다'는 '토끼가 사자에게 먹히다'로 쓰인다. 따라서 이는 문장 구조가 바뀌는 것이라고 볼 수 있다. 하지만 ②의 '먹다'와 '먹히다'는 모두 동사이므로 품사는 바뀌지 않는다. 따라서 품사와 문장 구조 모두가 바뀌는 경우라고 볼 수 없다.

오답풀이 ① '낚시'와 '낚시질'은 모두 명사이므로 품사와 문장 구조에 변화가 없는 경우에 해당함을 알 수 있다.
③ '숨다'는 '철수가 숨다'의 문장 구조를 보이지만 '숨기다'는 '철수가 영희를 숨기다'로 쓰인다. 따라서 이는 파생어의 사용으로 문장 구조가 달라지는 경우에 해당함을 알 수 있다.
④ '죽-'은 동사이지만 '죽음'은 명사이므로 파생어가 되어 품사가 달라지는 경우에 해당함을 알 수 있다.

DAY 16 형태론 p.162

01 ▶ ② [독해(문법) – 형태론–품사의 이해]
'내일의 시험은'의 '내일'은 관형격 조사 '의'와 결합하고 있으므로 체언(명사)이고, '내일 보자'의 '내일'은 용언 '보자'를 수식하므로 부사이다.

오답풀이 ① '여섯이다.'에서 '여섯' 뒤에 서술격 조사 '이다'가 결합되므로 '여섯'은 수사이다. '여섯 개'의 '여섯'은 뒤의 단위성 의존 명사 '개'를 수식하므로 관형사(수관형사)이다. 따라서 '㉠ 명사와 부사로 쓰인 것'의 예로 적절하지 않다.
③ '너같이'는 대명사 뒤에 '같이'가 결합되었으므로 '같이'는 체언 뒤에 붙는 조사임을 알 수 있다. '같이 갈래?'의 '같이'는 용언 '갈래?'를 수식하므로 부사이다. '㉡ 명사와 조사로 쓰인 것'의 예로 적절하지 않다.
④ '보다 아름다운 사람'의 '보다'는 용언 '아름다운'을 수식하므로 부사이다. '수지보다'의 '보다'는 명사 '수지' 뒤에 결합되므로 조사이다. 따라서 '㉡ 명사와 조사로 쓰인 것'의 예로 적절하지 않다.

02 ▶ ④ [독해(문법) – 형태론 – 용언]
'나는 여행을 가다'는 성립하지만 '나는 여행을 싶다'는 성립하지 않으므로 '가고'가 본용언, '싶다'가 보조 용언이다.

오답풀이 ① '보다'는 의미에 따라 보조 동사, 보조 형용사로 구분될 수 있다고 하였다. '추울까 봐서'는 앞말이 뜻하는 행동이나 상태에 대한 걱정이라는 의미를 나타낸 것으로 볼 수 있으므로 보조 형용사로 쓰인 사례이다.
② 어떤 일을 경험한다는 의미를 나타낼 경우 '보다'는 보조 동사로 쓰인다고 하였으므로 적절하다.
③ '출발하지 않다'에서 '출발하다'는 동사, '예쁘지 않다'에서 '예쁘다'는 형용사이므로 적절하다.

Chapter 02 통사론

TYPE 01

01 ▶ ③ [독해(문법) – 통사론 – 높임 표현]
'㉠ 간접 존경'은 '존경의 대상과 긴밀한 관련을 가지는 인물이나 사물 등을 높이는' 표현법이다. 이는 존경의 대상이 아닌 그것과 긴밀한 관련을 가지는 인물이나 사물을 높여야 하는 것이다. 하지만 ③의 '아버지가 너무 건강을 염려하신다'에서 '염려하신다(염려하-+-시-(주체 높임 선어말 어미)+-ㄴ-+-다)'의 주체 높임 선어말 어미 '-시-'는 아버지를 직접 높이는 직접 존경이므로 '㉠ 간접 존경'의 사례가 아님을 알 수 있다.

오답풀이 ① 존경의 대상인 '고모'를 높이는 것이 아니라 '고모'와 긴

밀한 관련을 가지는 인물인 '자식'을 간접적으로 높이는 '-시-'이
므로 'ㄱ 간접 존경'의 사례로 볼 수 있다.
② 존경의 대상인 '할머니'를 높이는 것이 아니라 '할머니'와 긴밀한
관련을 가지는 신체 일부인 '다리'를 간접적으로 높이는 '-시-'이
므로 'ㄱ 간접 존경'의 사례로 볼 수 있다.
④ 존경의 대상인 '할아버지'를 높이는 것이 아니라 '할아버지'와
긴밀한 관련을 가지는 신체 일부인 '수염'을 간접적으로 높이는
'-시-'이므로 'ㄱ 간접 존경'의 사례로 볼 수 있다.

p.166

2025 독해신공! PIN POINT+

01 ▶ ④ [독해(문법) – 통사론 – 문장의 짜임새]
'합격이 통보됨'의 '-ㅁ'은 명사형 어미이므로 부사절이 아니라 명사
절을 안은 문장임을 알 수 있다.

오답풀이) ① [그 시험이 쉬워지기]는 불가능하다.
'-기'는 명사형 어미이므로 명사절을 안은 문장임을 알 수 있다.
② 얼굴이 [빛이 나게] 잘생겼다.
'-게'는 부사형 어미이므로 부사절을 안은 문장임을 알 수 있다.
③ 철수는 [잘 그려진] 그림을 버리지 않았다.
'-ㄴ'은 관형사형 어미이므로 관형절을 안은 문장임을 알 수 있다.

DAY 17 통사론   p.168

01 ▶ ② [독해(문법) – 통사론 – 문장 성분]
'둘째, '이/가'는 문장의 쓰임에 따라 주격 조사(철수가 밥을 먹었다.)
혹은 보격 조사[철수가 공무원이 되었다(아니다).]가 될 수 있다.'를
보면 '이/가' 뒤에 '되다, 아니다'가 오는 경우에는 '이/가'를 보격 조사
로 봄을 알 수 있다. 따라서 '영희가 미녀가 아니다'에서 '미녀가'는
주어가 아니라 보어임을 알 수 있다.

오답풀이) ① '사위로'에는 부사격 조사 '로'가 결합되었으므로 '사위
로'는 부사어라고 볼 수 있다.
③ '학교에서 전국 대회에서 우승을 차지했다.'의 '학교에서' 대신 '학
교가'로 바꿔 읽었을 때 '학교'가 주체가 되므로 '가'는 주격 조사
이며 '학교에서'는 주어가 됨을 알 수 있다.
④ '밥을'에는 목적격 조사 '을/를'아 결합되었으므로 '밥을'은 목적어
라고 볼 수 있다.

02 ▶ ② [독해(문법) – 통사론 – 사동·피동]
㉠의 '잡혔다(잡+-히-+-었-+-다'의 '-히-'는 도둑이 경찰에게 잡
음을 당했다는 의미를 가지므로 피동 표현이므로 ㉠의 사례로 적절

하지 않다. 또한 '잡다' 또한 형용사나 자동사가 아니라 애초에 타동
사였으므로 ㉠의 사례로 적절하지 않다.

오답풀이) ① ㉠ '사람들이 도로를 넓혔다.'는 형용사 '넓-'에 사동 접
미사 '-히-'가 결합된 것이다. 이는 '도로가 넓다'라는 주동문의
주어(도로가)가 사동문의 목적어(도로를)가 되며 사동문의 주어
(사람들이)가 새로 도입되었으므로 ㉠의 사례로 적절하다.
③ ㉡ '엄마가 아이에게 밥을 먹였다.'는 타동사 '먹-'에 사동 접미사
'-이-'가 결합된 것이다. 이는 '아이가 밥을 먹다'라는 주동문의
주어(아이가)가 사동문의 부사어(아이에게)가 되고 주동문의 목
적어(밥을)는 그대로 사동문의 목적어(밥을)가 되며 사동문의 주
어(엄마가)가 새로 도입되었으므로 ㉡의 사례로 적절하다.
④ ㉡ '철수가 영희에게 신발을 신겼다.'는 타동사 '신-'에 사동 접미
사 '-기-'가 결합된 것이다. 이는 '영희가 신발을 신다'라는 주동
문의 주어(영희가)가 사동문의 부사어(영희에게)가 되고 주동문의
목적어(신발을)는 그대로 사동문의 목적어(신발을)가 되며 사동문
의 주어(철수가)가 새로 도입되었으므로 ㉡의 사례로 적절하다.

Chapter 03 음운론

TYPE 01

01 ▶ ③ [독해(문법) – 음운론 – 음운의 변동]
된소리되기는 예사소리인 파열음 'ㅂ, ㄷ, ㄱ' 뒤에 예사소리 'ㅂ, ㄷ,
ㄱ, ㅅ, ㅈ'이 연달아 발음될 때 일어나는 현상이므로 '안방[안빵]'은
된소리되기라고 볼 수 없다. '안방[안빵]'은 명사+명사 구성이면서,
앞 명사 '안'의 끝음이 울림소리이면서 뒤가 된소리로 발음 나므로
이는 사잇소리 현상임을 알 수 있다.

오답풀이) ① "국물'처럼 'ㄱ'과 'ㅁ'을 연달아 발음하게 되면 예외 없
이 비음화가 일어나~ 장애음과 비음을 자연스럽게 연달아 발음
하는 것이 어려워 일어나는 현상이다.'를 통해 '닫는[단는]'은 장
애음과 비음을 자연스럽게 연달아 발음하는 것이 어려워 일어나
는 현상임을 알 수 있다.
② "국화[구콰]', '좋다[조:타]'처럼 예사소리와 'ㅎ'이 거센소리로 축
약되는 현상도'를 통해 '법학[버팍]'은 예사소리와 'ㅎ'이 거센소리
로 축약되는 현상임을 알 수 있다.
④ '이와 같은 현상은 필수적으로 일어나기 때문에 [갑짜기]로 발음
되는 단어를 '갑자기'로 표기하더라도 발음할 때에는 예외 없이
[갑짜기]가 된다.'를 통해 '잡고'는 [잡꼬]로 발음되더라도 '잡고'라
고 표기하여야 함을 알 수 있다.

p.172

2025 독해신공! PIN POINT+

01 ▶ ② [독해(문법) – 음운론 – 음운의 변동]

[밟는 → [자음군 단순화(㉠ 자음이 탈락)] → 밥는 → (비음화) → 밤ː는]의 양상을 보이므로 'ⓐ 받침 발음의 원칙'을 지키기 위해 '㉠ 자음이 탈락'만 적용되었음을 알 수 있다. '자음이 다른 자음으로 교체'되는 것은 비음화에 의한 것일 뿐이지, 'ⓐ 받침 발음의 원칙'에 의한 것이 아니므로 ㉡이 적용된 것은 옳지 않다.

[오답풀이] ① [읽다 → [자음군 단순화(㉠ 자음이 탈락)] → 익다 → (된소리되기) → 익따]의 양상을 보이므로 '㉠ 자음이 탈락'만 적용되었음을 알 수 있다. '자음이 다른 자음으로 교체'되는 것은 된소리되기에 의한 것일 뿐이므로 ㉡이 적용된 것은 아니다.

③ [닭지 → [음절의 끝소리 규칙(㉡ 자음이 다른 자음으로 교체)] → 닥지 → (된소리되기)→닥찌]의 양상을 보이므로 '㉡ 자음이 다른 자음으로 교체'만 적용되었음을 알 수 있다.

④ [읊기 → [자음군 단순화(㉠ 자음이 탈락)] → 읖지 → [음절의 끝소리 규칙(㉡ 자음이 다른 자음으로 교체)] → 읍끼]의 양상을 보이므로 ㉠, ㉡이 모두 적용되었음을 알 수 있다.

🔵 **DAY 18** **음운론** p.174

01 ▶ ④ [독해(문법) – 음운론 – 음운의 변동]

'반모음이 단모음의 뒤에서 결합한 소리인 'ㅢ'를 제외하고 이중 모음의 발음은 모두 반모음이 단모음 앞에서 결합한 소리이다.'라는 서술로 보아 적절하지 않다. 이중모음 'ㅠ'의 발음은 단모음 'ㅜ' 앞에서 반모음 '[j]'가 결합한 소리이다.

[오답풀이] ① 단모음은 발음할 때 입술 모양이나 혀의 위치가 변하지 않는다고 하였으므로 적절하다.

② 'ㅚ'와 'ㅟ'는 현실 발음을 고려하여 표준어 규정에서도 이중 모음으로 발음하는 것을 허용한다고 하였으므로 적절하다.

③ '이중 모음은 홀로 쓰일 수 없는 소리인 '반모음'과 단모음이 결합한 모음'이라는 서술을 참고할 때 적절한 선지임을 알 수 있다.

02 ▶ ④ [독해(문법) – 음운론 – 음운의 변동]

'콧날'은 뒷말의 첫소리 'ㄴ, ㅁ' 앞에서 'ㄴ' 소리가 덧난 경우이므로 적절하지 않다.

[오답풀이] ① '나뭇잎'은 발음될 때 앞말 받침과 뒷말 초성에서 각각 'ㄴ' 소리가 덧나므로 적절하다.

② 본문에서 '고유어와 한자어의 결합'으로 이루어진 합성어인 경우 사이시옷을 표기할 수 있다고 하였으므로 적절하다.

③ 본문에 따르면 '뒷말의 첫소리가 된소리로 바뀌는 경우' 사이시옷을 표기할 수 있다고 했으므로 적절하다.

박혜선

주요 약력

고려대학교 국어국문학과 최우수 수석 졸업
고려대학교 국어국문학과 심화 전공
고려대학교 국어국문학과 중등학교 정교사 2 급 자격증
前) 대치, 반포 산에듀 온라인 오프라인 최연소 대표 강사
現) 박문각 공무원 국어 1 타 강사

주요 저서

박혜선 국어 독해 신유형 공부(박문각)
박혜선 국어 기본서 출좋포 문법(박문각)
박혜선 국어 기본서 출좋포 문학(박문각)
박혜선 국어 기본서 출좋포 어휘·한자(박문각)
박혜선 국어 기본서 출좋포 독해(박문각)
박혜선 국어 최단기간 어문 규정(박문각)
박혜선 국어 최단기간 고전 운문(박문각)
박혜선 국어 개념도 새기는 기출 문법(박문각)
박혜선 국어 개념도 새기는 기출 문학&독해(박문각)
박혜선 국어 족집게 적중노트 88(박문각)
박혜선 국어 콤단문 문법(콤팩트한 단원별 문제풀이)(박문각)
박혜선 국어 콤단문 독해(콤팩트한 단원별 문제풀이)(박문각)
박혜선 국어 문법 출.좋.포 80(박문각)
2024 박문각 공무원 실전동형 국가직 모의고사(박문각)
2024 박문각 공무원 실전동형 지방직 모의고사(박문각)

박혜선 국어 ◇✦ 독해 신유형 공부

초판 발행 2024. 5. 31. | **2쇄 발행** 2024. 8. 5. | **편저자** 박혜선
발행인 박 용 | **발행처** (주)박문각출판 | **등록** 2015년 4월 29일 제2019-000137호
주소 06654 서울시 서초구 효령로 283 서경 B/D 4층 | **팩스** (02)584-2927
전화 교재 문의 (02)6466-7202

저자와의
협의하에
인지생략

정가 16,000원
ISBN 979-11-7262-015-8